Managementwissen für Studium und Praxis

Herausgegeben von Professor Dr. Dietmar Dorn und Professor Dr. Rainer Fischbach

Bisher erschienene Werke:

Arrenberg · Kiy · Knobloch · Lange, Vorkurs in Mathematik
Behrens · Kirspel, Grundlagen der Volkswirtschaftslehre, 2. Auflage
Behrens, Makroökonomie – Wirtschaftspolitik
Bichler · Dörr, Personalwirtschaft – Einführung mit Beispielen aus SAP® R/3® HR®
Blum, Grundzüge anwendungsorientierter Organisationslehre
Bontrup, Volkswirtschaftslehre
Bontrup, Lohn und Gewinn
Bontrup · Pulte, Handbuch Ausbildung
Bradtke, Mathematische Grundlagen für Ökonomen
Bradtke, Übungen und Klausuren in Mathematik für Ökonomen
Bradtke, Statistische Grundlagen für Ökonomen
Breitschuh, Versandhandelsmarketing
Busse, Betriebliche Finanzwirtschaft, 5. Auflage
Clausius, Betriebswirtschaftslehre I
Clausius, Betriebswirtschaftslehre II
Dinauer, Allfinanz – Grundzüge des Finanzdienstleistungsmarkts
Dorn · Fischbach, Volkswirtschaftslehre II, 4. A.
Drees-Behrens · Kirspel · Schmidt · Schwanke, Aufgaben und Lösungen zur Finanzmathematik, Investition und Finanzierung
Drees-Behrens · Schmidt, Aufgaben und Fälle zur Kostenrechnung
Ellinghaus, Werbewirkung und Markterfolg
Fank, Informationsmanagement, 2. Auflage
Fank · Schildhauer · Klotz, Informationsmanagement: Umfeld – Fallbeispiele
Fiedler, Einführung in das Controlling, 2. Auflage
Fischbach, Volkswirtschaftslehre I, 11. Auflage
Fischer, Vom Wissenschaftler zum Unternehmer
Frodl, Dienstleistungslogistik
Götze, Techniken des Business-Forecasting
Götze, Mathematik für Wirtschaftsinformatiker
Gohout, Operations Research
Haas, Kosten, Investition, Finanzierung – Planung und Kontrolle, 3. Auflage
Haas, Marketing mit EXCEL, 2. Auflage
Haas, Access und Excel im Betrieb
Hans, Grundlagen der Kostenrechnung
Hardt, Kostenmanagement
Heine · Herr, Volkswirtschaftslehre, 2. Auflage
Hildebrand · Rebstock, Betriebswirtschaftliche Einführung in SAP® R/3®
Hofmann, Globale Informationswirtschaft
Hoppen, Vertriebsmanagement
Koch, Marketing
Koch, Marktforschung, 3. Auflage
Koch, Gesundheitsökonomie: Kosten- und Leistungsrechnung
Krech, Grundriß der strategischen Unternehmensplanung
Kreis, Betriebswirtschaftslehre, Band I, 5. Aufl.
Kreis, Betriebswirtschaftslehre, Band II, 5. Aufl.
Kreis, Betriebswirtschaftslehre, Band III, 5. Aufl.
Laser, Basiswissen Volkswirtschaftslehre
Lebefromm, Controlling – Einführung mit Beispielen aus SAP® R/3®, 2. Auflage
Lebefromm, Produktionsmanagement – Einführung mit Beispielen aus SAP® R/3®,4. Aufl.
Martens, Betriebswirtschaftslehre mit Excel
Martens, Statistische Datenanalyse mit SPSS für Windows
Martin · Bär, Grundzüge des Risikomanagements nach KonTraG
Mensch, Finanz-Controlling
Mensch, Kosten-Controlling
Müller, Internationales Rechnungswesen
Olivier, Windows-C – Betriebswirtschaftliche Programmierung für Windows
Peto, Einführung in das volkswirtschaftliche Rechnungswesen, 5. Auflage
Peto, Grundlagen der Makroökonomik, 12. A.
Piontek, Controlling
Piontek, Beschaffungscontrolling, 2. Auflage
Piontek, Global Sourcing
Posluschny, Kostenrechnung für die Gastronomie
Posluschny · von Schorlemer, Erfolgreiche Existenzgründungen in der Praxis
Reiter · Matthäus, Marktforschung und Datenanalyse mit EXCEL, 2. Auflage
Reiter · Matthäus, Marketing-Management mit EXCEL
Rothlauf, Total Quality Management in Theorie und Praxis
Rudolph, Tourismus-Betriebswirtschaftslehre
Rüth, Kostenrechnung, Band I
Sauerbier, Statistik für Wirtschaftswissenschaftler
Schaal, Geldtheorie und Geldpolitik, 4. Auflage
Scharnbacher · Kiefer, Kundenzufriedenheit, 2. A.
Schuchmann · Sanns, Datenmanagement mit MS ACCESS
Schuster, Kommunale Kosten- und Leistungsrechnung
Schuster, Doppelte Buchführung für Städte, Kreise und Gemeinden
Specht · Schmitt, Betriebswirtschaft für Ingenieure und Informatiker, 5. Auflage
Stahl, Internationaler Einsatz von Führungskräften
Steger, Kosten- und Leistungsrechnung, 3. Aufl.
Stock, Informationswirtschaft
Strunz · Dorsch, Management
Strunz · Dorsch, Internationale Märkte
Weindl · Woyke, Europäische Union, 4. Auflage
Zwerenz, Statistik, 2. Auflage
Zwerenz, Statistik verstehen mit Excel – Buch mit CD-ROM

Grundzüge des Risikomanagements nach KonTraG

Das Risikomanagementsystem zur Krisenfrüherkennung nach §91 Abs. 2 AktG

Von

Prof. Dr. Thomas A. Martin

und

Diplom-Betriebswirt (FH) Thomas Bär

R. Oldenbourg Verlag München Wien

Die Deutsche Bibliothek – CIP-Einheitsaufnahme

Martin, Thomas A.:
Grundzüge des Risikomanagements nach KonTraG : das Risikomanagementsystem zur Krisenfrüherkennung nach § 91 Abs. 2 AktG / von Thomas A. Martin und Thomas Bär. – München ; Wien : Oldenbourg, 2002
(Managementwissen für Studium und Praxis)
ISBN 3-486-25876-1

Rosenheimer Straße 145, D-81671 München
Telefon: (089) 45051-0
www.oldenbourg-verlag.de

Gedruckt auf säure- und chlorfreiem Papier
Gesamtherstellung: Druckhaus „Thomas Müntzer“ GmbH, Bad Langensalza

ISBN 3-486-25876-1

Vorwort

Öffentlichkeit und Politik reagieren in den letzten Jahren zunehmend sensibler auf die weitreichenden ökonomischen, sozialen und wirtschaftspolitischen Auswirkungen plötzlicher Zusammenbrüche von Unternehmen. Dies gilt besonders für Unternehmen, die an den Wertpapierbörsen notiert sind. Vielfach ist der Eindruck entstanden, daß in den Unternehmen zu wenig auf die vorhandenen Risiken geachtet und sie nicht wirksam genug gehandhabt werden.

Auf diese vermeintliche Risikomanagementlücke hat der Gesetzgeber reagiert und 1998 das Gesetz zur Kontrolle und Transparenz im Unternehmensbereich (KonTraG) verabschiedet, das unter anderem die Pflicht von Vorständen und Geschäftsführern präzisiert, für ein angemessenes Risikomanagement zu sorgen.

Mit dem vorliegenden Hand- und Lehrbuch soll angesichts der stark anwachsenden, sich spezialisierenden Publikationen zu der Thematik eine kompakte Darstellung der Grundzüge des Risikomanagementsystems nach KonTraG gegeben werden, die theoretische Ansätze und praktische Erfahrungen verbindet. Dazu sollen vier Fragenkomplexe beantwortet werden:

- Was ist unter betriebswirtschaftlichem Krisenmanagement zu verstehen?
- Was sehen die gesetzlichen Regelungen vor?
- Welche Systemelemente bilden ein Risikomanagementsystem?
- Wie kann die betriebliche Implementierung erfolgen?

Dabei stehen neben den zentralen gesetzlichen Regelungen und den Bestandteilen eines dem Gesetz entsprechenden Risikomanagements die Fragen der Umsetzung in der betrieblichen Praxis im Vordergrund, insbesondere im Hinblick auf junge und etablierte Unternehmen des Mittelstandes aus der Industrie und dem Handel. Vor allem junge, technologieorientierte Wachstumsunternehmen stehen häufig vor dem Problem, bei der Einführung von Risikomanagementsystemen nicht auf etablierte, funktionsfähige Management- und Controllinginstrumente zurückgreifen zu können. Hier kann dieses Buch eine Orientierung sein.

Adressaten sind Wissenschaftler, Risikocontroller und solche, die es werden wollen, Mitarbeiter, die mit dem Thema beruflich befaßt sind oder sich einen Eindruck vom Risikomanagement verschaffen wollen. Es wendet sich aber auch an fortgeschrittene Studierende der Universitäten, Fachhochschulen und Berufsakademien.

Für die Ausgestaltung des Buches danken wir dem Verlag R. Oldenbourg. Schließlich gilt unser Dank dem Cheflektor des Verlages, Herrn Dipl.-Volkswirt Martin Weigert, für die verständnisvolle Zusammenarbeit.

Kaiserslautern

Thomas A. Martin Thomas Bär

Inhaltsverzeichnis

Abbildungsverzeichnis

Abkürzungsverzeichnis

Abb.	Abbildung
Abs.	Absatz
AG	Aktiengesellschaft (Rechtsform) bzw. Die Aktiengesellschaft (Z)
AktG	Aktiengesetz
Aufl.	Auflage
BB	Betriebsberater (Z)
BBK	Buchführung, Bilanz, Kostenrechnung (Z)
BFuP	Betriebswirtschaftliche Forschung und Praxis (Z)
BGBl	Bundesgesetzblatt
BT-Drucksache	Bundestags-Drucksache
DB	Der Betrieb (Z)
Diss.	Dissertation
DRS	Deutscher Rechnungslegungsstandard
DRSC	Deutscher Rechnungslegungs Standardisierungsrat
DStR	Deutsches Steuerrecht (Z)
E	Entwurf
ed.	edited
et al.	et alii (und andere)
f.	folgend
ff.	fortfolgend
F+E	Forschung und Entwicklung
ggf.	gegebenenfalls
GmbH	Gesellschaft mit beschränkter Haftung
GmbHG	Gesetz betreffend die Gesellschaften mit beschränkter Haftung
H.	Heft
HGB	Handelsgesetzbuch
Hrsg.	Herausgeber
hrsg.	herausgegeben

HdBW	Handwörterbuch der Betriebswirtschaftslehre
HWB	Handwörterbuch der Betriebswirtschaft
HWO	Handwörterbuch der Organisation
HWR	Handwörterbuch der Revision
IDW	Institut der Wirtschaftsprüfer in Deutschland e.V.
IDW PS	IDW Prüfungsstandard
IDW RS HFA	IDW Rechnungslegungsstandard Hauptfachausschuß
IGA	Internationales Gewerbearchiv (Z)
IIR	Institut der Internen Revision
i.V.m.	in Verbindung mit
IVS	Informationsversorgungssystem
Jg.	Jahrgang
KapAEG	Kapitalaufnahmeerleichterungsgesetz
KGaA	Kommanditgesellschaft auf Aktien
KonTraG	Gesetz zur Kontrolle und Transparenz im Unternehmensbereich
krp	Kostenrechnungspraxis (Z)
MB	Management Berater (Z)
MitbestG	Mitbestimmungsgesetz
mm	Manager Magazin (Z)
m.w.N.	mit weiteren Nachweisen
Nr.	Nummer
o. O.	ohne Ort
o.V.	ohne Verfasser
PS	Prüfungsstandard
PublG	Publizitätsgesetz
PuK	Planungs- und Kontrollsystem
Rz.	Randziffer
S.	Seite
Schriftl.	Schriftleiter
s.o.	siehe oben

sog.	sogenannte (-s), (-r), (-n)
Sp.	Spalte
VW	Versicherungswirtschaft (Z)
WiSt	Wirtschaftswissenschaftliches Studium (Z)
WISU	Das Wirtschaftsstudium (Z)
WPg	Die Wirtschaftsprüfung (Z)
WPK	Wirtschaftsprüferkammer
Z	Zeitschrift
ZfB	Zeitschrift für Betriebswirtschaft
ZfbF	Zeitschrift für betriebswirtschaftliche Forschung
ZfO	Zeitschrift Führung und Organisation
Zi.	Ziffer
ZIR	Zeitschrift für Interne Revision

A. Krisenhafte Unternehmensentwicklungen und Risikomanagement

Das Oberziel jedes unter marktwirtschaftlichen Bedingungen arbeitenden Unternehmens ist die langfristige Existenzsicherung. Dieses Ziel geht in der Regel allen anderen Zielen des Unternehmens wie etwa Gewinnmaximierung, Wachstum oder Marktführerschaft voraus.

Die Entwicklung der Unternehmensinsolvenzen belegt jedoch, daß viele Unternehmen dieses Primärziel verfehlen. Dabei nimmt in Deutschland die Zahl der Insolvenzen seit etlichen Jahren zu, auch wenn sie in den letzten Jahren leicht zurückging. Waren 1993 "nur" 20.298 Unternehmensinsolvenzen zu verzeichnen, so steigerte sich diese Zahl bis 1999 auf 27.400. Dadurch verloren 471.000 Menschen ihren Arbeitsplatz.[1] Dies bedeutet, daß bei den ca. 3,2 Mio. registrierten Unternehmen in Deutschland jährlich 107 je 10.000 (1,07 %) insolvent werden.[2]

Das Insolvenzrisiko besteht besonders für Kleinunternehmen und Unternehmen in den ersten Jahren nach der Gründung. Fast 79 % der Insolvenzen entfallen auf Unternehmen, die jünger als 8 Jahre sind.[3] Rund 90 % der Insolvenzanträge werden von Unternehmen gestellt, die höchstens 20 Personen beschäftigen.[4]

Betrachtet man die Insolvenzen nach Rechtsformen, so stellt sich heraus, daß - wie in der Wirtschaftspraxis häufig vermutet - die GmbH mit 25,2 Insolvenzen je 1000 (2,5 %) Unternehmen an erster Stelle steht. Ihr folgen mit weitem Abstand die AG

---

1 Nach Angaben des Verbands der Vereine Creditreform: Unternehmensentwicklung 1999/2000: Insolvenzen, in: Betrieb und Rechnungswesen BBK, Jg. 2000, Nr. 3, S. 98.

2 Nach Angaben des Verbands der Vereine Creditreform: Unternehmensentwicklung 1998: Insolvenzen in Europa, in: Betrieb und Rechnungswesen BBK, Jg. 1999, Nr. 7, S. 290f.

3 Vgl. Bundesministerium für Wirtschaft (Hrsg.): Unternehmensgrößenstatistik 1997/98 - Daten und Fakten, Bonn 1997, S. 151.

4 Vgl. Verband der Vereine Creditrefom, Insolvenzen, 2000, S. 98.

und KGaA mit 12,8 Insolvenzen je 1000 Unternehmen (1,28 %) und die beiden Rechtsformen KG und OHG (gemeinsam 2,9 Insolvenzen je 1000 Unternehmen (0,29 %)).[5]

Innerhalb der Kapitalgesellschaften weisen die emissionsfähigen Aktiengesellschaften u. a. aufgrund der Möglichkeit, zusätzliches Eigenkapital über Wertpapierbörse aufzunehmen, eine deutlich höhere Eigenmittelquote und eine deutlich niedrigere Insolvenzhäufigkeit als die GmbH auf.

Die hohe und steigende Zahl von Insolvenzen in Deutschland wird u. a. auch auf die geringe Eigenkapitalausstattung, d. h. Risikokapitalausstattung, zurückgeführt. Der Anteil der Eigenmittel an der Bilanzsumme (vertikale Eigenmittelquote) sank von 23,0 % in den 1970er Jahren auf nur noch 17,8 % in den 1990er Jahren bei einer Bruttoumsatzrendite von 2,5 %.[6]

Mittelständische Unternehmen weisen im Vergleich mit Großunternehmen eine niedrigere Eigenkapitalquote auf.[7] Der Anteil der Eigenmittel an der Bilanzsumme liegt bei mittelständischen Unternehmen deutlich unter der Eigenkapitalausstattung der Großunternehmen. Großunternehmen mit Umsätzen über 100 Millionen DM erreichen eine Eigenmittelquote von etwas mehr als 27 %, während diese Kennzahl bei Unternehmen bis 10 Millionen DM nur knapp 17,5 % aufweist. Der Wert bei Unternehmen zwischen 10 und 100 Millionen DM Umsatz ist mit rund 17,7 %

5 Vgl. BMWi, 1997/98, a.a.O., S. 150.

6 Vgl. Deutsche Bundesbank (Hrsg.): Jahresabschlüsse westdeutscher Unternehmen 1971 bis 1991, Frankfurt am Main 1993, S. 22 - 23; Deutsche Bundesbank (Hrsg.): Monatsbericht November 1995, Frankfurt am Main 1995, S. 43; Institut der Deutschen Wirtschaft (Hrsg.): Zahlen zur wirtschaftlichen Entwicklung der Bundesrepublik Deutschland, Ausgabe 1996, Köln 1996, Tab. 69.

7 Bezogen auf westdeutsche Kapitalgesellschaften vgl. BMWi, Bundesministerium für Wirtschaft (Hrsg.): Unternehmensgrößenstatistik 1992/93 - Daten und Fakten, Bonn 1993, S. 210. Vgl. auch Albach, H.: Finanzierungspolitik mittelständischer Unternehmen, in: Gerke, W.; Steiner, M. (Hrsg.), Handwörterbuch des Bank- und Finanzwesens, 2. Auflage, Stuttgart 1995, Sp. 679.

nur unwesentlich höher.[8] Die Eigenmittelausstattung steigt also mit der Unternehmensgröße stetig, aber nicht linear an.

Zusätzlich weisen innerhalb des Mittelstandes Personengesellschaften im Vergleich mit Kapitalgesellschaften bezüglich der Eigenkapitalausstattung geringere Werte auf.[9] Die Eigenkapitalausstattung der Kapitalgesellschaften übersteigt die der Personengesellschaften sogar in einem erheblichen Maße.[10] Angesichts der Tatsache, daß die meisten mittelständischen Unternehmen als Personengesellschaften oder Einzelunternehmen geführt werden, verdeutlicht dies die wirtschaftliche Breitenwirkung der o. g. Analyse.[11]

Doch nicht immer sind es nur kleine oder mittelgroße Unternehmen, die in eine Krise geraten. Auch Großunternehmen wie Ph. Holzmann, Pfaff, Escom, AEG, Metallgesellschaft oder Bremer Vulkan[12] standen kurz vor der Insolvenz oder wurden sogar insolvent. Die Ursachen für diese Beinahe- bzw. Zusammenbrüche nur in der zunehmenden Umweltdynamik, Globalisierung und steigenden Komplexität von Unternehmen und Umwelt oder persönlichem Fehlverhalten zu suchen, ist daher nicht ausreichend für die Erklärung der eingetretenen Krisen. In den meisten Fällen sind Krisen auch wesentlich auf interne Ursachen, z. B. fehlendes

---

8 Vgl. BMWi, 1993, a.a.O., S. 182, Deutsche Bundesbank, 1995, a.a.O., S. 46, Deutsche Bundesbank, 1993, a.a.O., S. 26.

9 Vgl. Loos, N.: Beteiligung von Kapitalbeteiligungsgesellschaften an mittelständischen Unternehmen, in: Börsig, C.; Gassert, H.; Prechtl, M. (Hrsg.), Neue Finanzierungsinstrumente für Unternehmen - Strategie, Anwendung und Erfolgssicherung, Stuttgart 1996, S. 129.

10 Bei Unternehmen mit einem Umsatz zwischen 25 Mio. und bis zu 100 Mio. DM Umsatz betrug die Eigenkapitalquote Ende der 1980er Jahre bei Kapitalgesellschaften rund 21 % und bei Personengesellschaften knapp 14 %. Vgl. Loos, a.a.O., S. 129.

11 Vgl. BMWi, 1993, S. 73 - 77.

12 Vgl. Schitag Ernst & Young (Hrsg.): Risikomanagement- und Überwachungssystem im Treasury: Darstellung der Anforderungen nach KonTraG, Stuttgart 1998, o. S.

oder unzureichendes Risiko-Controlling[13], unterbliebene Anpassung der Unternehmen an die Umwelt oder mangelnde Überwachung des Finanz- und Rechnungswesens, zurückzuführen. Die Krise hätte nicht selten durch die Früherkennung von bedrohenden Entwicklungen vermieden oder zumindest die negativen Folgen abgeschwächt werden können.

Die spektakulären Fehlentwicklungen der letzten Jahre, wie die Metallgesellschaft, Balsam/Procedo, Baring's-Bank u. a., haben nicht nur in Deutschland eine breite Diskussion über die Verbesserung der Unternehmensüberwachung und Unternehmensführung ausgelöst. Hier ist die sog. Corporate Governance angesprochen, d.h. die Verantwortung des Aufsichtsrates und die Überwachung im Unternehmen. So wird in der öffentlichen Diskussion der Nutzen von Aufsichtsgremien und Abschlußprüfer in Frage gestellt, die ihre Hauptaufgabe, die Überwachung der Unternehmensführung, in zu vielen Fällen nur unzureichend erfüllt hätten.

Dieses Defizit hat auch den deutschen Gesetzgeber zum Handeln veranlaßt. Die Folge waren Überlegungen zur Verbesserung der Unternehmensüberwachung, um zukünftig spektakulären Unternehmenszusammenbrüchen wirksamer entgegenzuwirken. Diese Reformüberlegungen haben ihren Niederschlag im Gesetz zur Kontrolle und Transparenz im Unternehmensbereich[14] (KonTraG) gefunden, das am 1. Mai 1998 in Kraft getreten ist.

---

13 Vgl. Bitz, H.: Abgrenzung des Risiko-Frühwarnsystems i.e.S. nach KonTraG zu einem umfassenden Risiko-Managementsystem im betriebswirtschaftlichen Sinn, in: BFuP, Jg. 2000a, S. 231. Die katastrophale Entwicklung bei der Philipp Holzmann AG im Jahr 1999, das mit einem Fehlbetrag von 2,7 Mrd. DM abschloß, führte der neue VV Hinrichs auf Mißmanagement zurück. Die Mängel des Controlling verdeutlichte er an einem Beteiligungsergebnis von - 1,5 Mrd. DM. Vgl. o. V.: Holzmann-Sanierung kommt nicht auf Touren, in: Handelsblatt, Jg. 2000, Ausgabe vom 28./29.7., S. 16.

14 Gesetz zur Kontrolle und Transparenz im Unternehmensbereich (KonTraG), BGBl. 1998 I, Nr. 24, S. 786.; Gesetzentwurf der Bundesregierung: Entwurf eines Gesetzes zur Kontrolle und Transparenz im Unternehmensbereich (KonTraG), BT-Drucksache 13/9712 vom 28.1.1998.

Neben verschiedenen Änderungen, u. a. des Aktiengesetzes und des Handelsgesetzbuches, wird der Vorstand einer Aktiengesellschaft nach § 91 Abs. 2 AktG neuerdings dazu verpflichtet, ein Überwachungssystem (Risikofrüherkennungssystem, Risikomanagementsystem) zur frühzeitigen Erkennung von existenzgefährdenden Fehlentwicklungen einzurichten. Obwohl diese Verpflichtung explizit nur Aktiengesellschaften betrifft, hat der Gesetzgeber bereits in der entsprechenden Gesetzesbegründung auf die Ausstrahlungswirkung auf andere Rechtsformen, besonders auf die GmbH, verwiesen.[15] Die Austrahlungswirkung wurde aber weder näher erläutert noch abschließend konkretisiert. Somit bleiben gerade größere mittelständische Unternehmen, die nicht in der Rechtsform der AG geführt werden, im Ergebnis im unklaren, unter welchen Voraussetzungen sie von der Verpflichtung, ein Risikomanagementsystem zu implementieren, betroffen sind.

Zu diskutieren bleibt auch, welche konkreten inhaltlichen und formalen Mindestanforderungen das Risikomanagement aufweisen muß, um der Verpflichtung nach § 91 Abs. 2 AktG nachzukommen. Der Gesetzgeber hat dazu keine detaillierten Hinweise geben wollen. Die Diskussion der an der Rechnungslegung interessierten Kreisen, z. B. Wirtschaftsprüfung, Wissenschaft, Controller, Interne Revisoren, Berater und die Rechtsprechung, wird diesen Auslegungsspielraum zu füllen haben.

Vielfach bestehen – zumindest in den größeren Unternehmen – bereits vor Inkrafttreten des KonTraG Instrumentarien zum aktiven Umgang mit Risiken, wenn auch nicht immer explizit unter der Bezeichnung Risikomanagement, sondern unter Begriffen wie z. B. Internes Kontrollsystem, Controlling, Sicherheitsmanagement oder Qualitätsmanagement. Klärungsbedarf besteht vielerorts darüber, ob die in einem Unternehmen vorhandenen Instrumente bereits ausreichend sind, um die gesetzliche Verpflichtung zu erfüllen. Unabhängig davon ist ein funktionsfähiges Risikomanagement sicherlich ein wertvolles Subsystem der Unternehmensfüh-

[15] BT-Drucksache 13/9712, S. 15.

rung zur langfristigen Existenzsicherung und sollte daher auch im Eigeninteresse so gestaltet sein, daß wesentliche Risiken frühzeitig erkannt und abgewendet werden können.

Die Tatsache, daß eine Aktiengesellschaft ihr langfristiges Überleben in dem mit Risiken untrennbar verbundenen Wettbewerb durch ihre pure Existenz nachgewiesen hat, stellt allein keinen Nachweis im Sinne des AktG für den Betrieb eines funktionsfähigen Risikomanagementsystems dar. Auch Unternehmen wie z. B. die Metallgesellschaft konnten vor ihrer Krise auf eine lange und erfolgreiche Vergangenheit verweisen.

Davon bleibt die Tatsache unbenommen, daß fast vier von fünf Unternehmensinsolvenzen auf junge Unternehmen entfallen.[16] Die Schlußfolgerung aus diesem empirisch abgesicherten Tatbestand ist vielmehr diejenige, daß es gerade für junge und kleine Unternehmen wichtig ist, das Risiko aktiv zu managen. Insbesondere mittelständische Unternehmen haben hier noch einen Nachholbedarf. Umfragen unter mittelständischen Unternehmen zeigen aber ein großes Interesse der Praxis an der Implementierung eines wirkungsvollen Risikomanagementsystems auf.[17]

Ausgehend von dieser Problembeschreibung lassen sich die zentralen Ziele dieser Untersuchung folgendermaßen formulieren:

1. Analyse des vom KonTraG erfaßten Anwendungsbereichs und der zentralen Aussagen zum Risikomanagement,
2. Entwurf einer Grundkonzeption zur sachlichen Ausgestaltung eines betrieblichen Risikomanagementsystems unter Integration der Erkenntnisse der betriebswirtschaftlichen Krisenmanagement-Forschung und
3. Entwicklung eines Konzeptes zur Implementierung eines Risikomanagementsystems.

---

[16] Vgl. FN 3

[17] Vgl. Reh, G.: Enormes Defizit, in: MB, Jg. 1998, S. 12.

Nach der Verabschiedung des KonTraG im März 1998 blieben Fragen der Anwendung und der Umsetzung in der Wirtschaft offen. Daher behandelt diese Untersuchung auch die mit dem Risikomanagementsystem in Zusammenhang stehenden Neuregelungen des KonTraG (Risikoberichterstattung im Lagebericht, Änderungen der Abschlußprüfung).

Im betriebswirtschaftlichen und juristischen Schrifttum und in der Praxis gibt es bezüglich des Risikomanagementsystems z. T. unterschiedliche Konzeptionen. Insbesondere besteht noch keine abschließende Einigung darüber, aus welchen Elementen und Instrumenten (Subsystemen) ein Risikomanagementsystem im einzelnen mindestens aufgebaut sein muß und wie diese Subsysteme des Risikomanagementsystems ausgestaltet und an die betriebsindividuellen Anwendungsbedingungen angepaßt sein müssen, um die gesetzlichen Auflagen des KonTraG zu erfüllen.

Damit ist die Frage nach einem modellhaften Risikomanagementsystem im Sinne eines Referenzmodells gestellt. Die Ausführungen sollen sich dabei nicht nur auf die bei Aktiengesellschaften naheliegende Betrachtung von Großunternehmen beziehen, sondern nach Möglichkeit auch auf die spezifischen Anwendungsbedingungen in mittelständischen Unternehmen, insbesondere Neugründungen, eingehen.

Ein solchermaßen verstandenes Risikomanagementsystem muß über die begrenzten gesetzlichen Mindestanforderungen hinaus in der Lage sein, das umfassende betriebliche Risikomanagement wirksam zu unterstützen. Die Verpflichtung zur Einrichtung und zum Betrieb eines § 91 Abs. 2 AktG entsprechenden Risikofrüherkennungssystems sollte von der Wirtschaftspraxis nicht in erster Linie als eine Administrationskosten verursachende Auflage des Gesetzgebers verstanden werden, sondern als Anstoß, die bislang vorhandenen Ansätze zu einem geschlossenen, effektiven Risikomanagement auszubauen. Trotzdem steht auch das Risikomanagementsystem unter dem Grundsatz der Wirtschaftlichkeit.

Für die Unternehmenspraxis ist jedoch nicht nur relevant, wie ein gesetzkonformes Risikomanagementsystem ausgestaltet sein muß. Zusätzlich stellt sich besonders für Unternehmen, die bislang noch kein oder nur ein rudimentäres Risikomanagementsystem haben, die Frage, den Prozeß der Implementierung inhaltlich auszugestalten. Dies gilt in einem noch stärkeren Maße für junge Unternehmen, bei denen die an das Risikomanagementsystem angrenzenden Managementsysteme selbst noch im Aufbau sind. Hierzu wird ein auf dem Schrifttum und der Beratungspraxis beruhender Ablauf analysiert, den die Unternehmen als Orientierungsrahmen bei der Anpassung an die betriebsindividuellen Anwendungsvoraussetzungen heranziehen können.

Die vorliegende Arbeit gliedert sich in sechs Kapitel. Kapitel A beschreibt in der Einleitung die Problemstellung, analysiert die Ziele und erläutert den Gang der Untersuchung. Da das Risikomanagementsystem zur frühzeitigen Erkennung von Krisen beitragen soll, gilt es, im Kapitel B die Themen Unternehmenskrise sowie das damit verbundene betriebswirtschaftliche Krisenmanagement zu erörtern. Dazu wird über eine begriffliche Klärung hinaus untersucht, worin eine Unternehmenskrise besteht, welchen Verlauf sie idealtypisch nimmt, was ihre potentiellen Ursachen und ökonomischen Folgewirkungen sind. Darauf aufbauend befaßt sich diese Studie mit dem Begriff, den grundsätzlichen Aufgaben und Instrumenten des Managements von Krisen (Krisenmanagement). Hierzu wird auch eine Abgrenzung zum Risikomanagementsystem vorgenommen.

Kapitel C widmet sich den Neuregelungen des KonTraG. Nach einer Beschäftigung mit den Zielen des KonTraG werden die für das Risikomanagement relevanten Neuregelungen analysiert. Dies sind die Risikoberichterstattung im Lagebericht, die obligatorische Einrichtung eines Risikomanagementsystems sowie die Änderungen von Teilen der Jahresabschlußprüfung. Die jeweiligen Regelungen werden hinsichtlich ihres Anwendungsbereichs und ihres Inhaltes untersucht und einer Würdigung unterzogen.

Kapitel D befaßt sich mit dem Schrifttum zum Stand des Risikomanagementsystems, den Zielen, Anwendungsbedingungen und offenen Fragen. Ausgangspunkt ist dabei die Diskussion des Risikobegriffs. Davon ausgehend erfolgt eine Systematisierung der verschiedenen Risikoarten, der sich eine Konkretisierung des Begriffs und der Ziele des Risikomanagements anschließt. Damit ist die Frage verbunden, welche Konzeptionen in Theorie und Praxis zum Risikomanagementsystem existieren und zur Erfüllung der Verpflichtungen nach dem KonTraG geeignet sind. Dies leitet zu der Erläuterung des Risikomanagementprozesses, d. h. des Ablaufs von Risikoerkennung, Risikoanalyse, Risikobewertung, Risikobewältigung und Risikoüberwachung, sowie der grundlegenden Aufgaben des Risikomanagements über.

Der nächste Punkt befaßt sich mit den Anforderungen an die Elemente eines Risikomanagementsystems, die realisiert werden müssen, um die gestellten Aufgaben sachgerecht erfüllen zu können. Hierzu werden das Frühwarnsystem, das Controlling sowie das Interne Überwachungssystem dargestellt und im Hinblick auf ihre Funktionen untersucht. Neben diesen organisatorischen Elementen des Risikomanagements soll zum Abschluß dieses Kapitels die Bedeutung der betrieblichen Risikokultur für die Wirksamkeit des Risikomanagementsystems erläutert werden.

Das Kapitel E befaßt sich mit der betrieblichen Umsetzung des gesetzlichen Auftrages zur Einrichtung eines Risikomanagements. Dazu wird eine Vorgehensweise dargestellt, die bei der Implementierung des Risikomanagements als Rahmen genutzt werden kann. Da ein erheblicher Teil der Unternehmen bereits über irgendwie geartete Instrumente des Risikomanagements verfügt, stehen potentielle

Wege zur Integration dieser isolierten Ansätze zu einem geschlossenen und prüfungsfähigen integrierten Risikomanagementsystem im Mittelpunkt der Gedankenführung, ehe in Kapitel F die Arbeit mit einem Fazit abschließt.

B. Unternehmenskrise und Krisenmanagement

Mit dem Risikomanagementsystem nach KonTraG steht das Management von Unternehmenskrisen in enger Verbindung. Daraus leitet sich die Struktur dieses Kapitels ab, das der Darstellung der Ursachen, Wirkungen und Verläufe von Unternehmenskrisen und des darauf bezogenen Krisenmanagements dient.

I. Unternehmenskrisen

1. Begriff der Unternehmenskrise

Der Begriff der Krise erscheint heute nicht nur in vielen Bereichen des ökonomischen, politischen und gesellschaftlichen Lebens, sondern auch in verschiedenen wissenschaftlichen Disziplinen. Dabei haben sich unterschiedliche Begriffsauffassungen herausgebildet.

Ursprünglich bezeichnet der Krisenbegriff i. w. S. einen Bruch in einer bis dato kontinuierlichen Entwicklung. Im engen Sinne bildet eine Krise eine Entscheidungssituation, die den Wendepunkt oder Höhepunkt einer gefährlichen Entwicklung darstellt.[1] Der Begriff der Krise wurde auch in die Betriebswirtschaftslehre übertragen. Man spricht in diesem Zusammenhang von einer Unternehmenskrise.

Zum Begriff der Unternehmenskrise existieren zahlreiche Definitionen. Als konstituierende Merkmale für die Unternehmenskrise gelten:

- Gefährdung dominanter Unternehmensziele:
  Unternehmenskrisen führen zur Gefährdung dominanter, d. h. überlebensrelevanter Ziele (z. B. Erzielung eines Mindestgewinns, Erreichung eines bestimmten Marktanteils)

---

1 Vgl. Krystek, U.: Unternehmungskrisen: Beschreibung, Vermeidung und Bewältigung überlebenskritischer Prozesse in Unternehmungen, Wiesbaden 1987, S. 3.

- Prozeßcharakter:

  Unternehmenskrisen sind zeitraumbezogene Phänomene, die sich in der Regel über mehrere Stadien entwickeln und zeitlich begrenzt sind.

- Offenheit des Ausgangs:

  Der Ausgang des Krisenprozesses ist generell offen. So kann eine Unternehmenskrise erfolgreich bewältigt werden oder aber in negativer Hinsicht zur Insolvenz führen. Zwischen diesen Extremen sind zahlreiche weitere Ausprägungen möglich.[2]

Neben diesen konstituierenden Merkmalen kennzeichnen Unternehmenskrisen noch weitere faktische Merkmale, wie z. B. der Grad der Komplexität oder die Einmaligkeit und Neuartigkeit der Problemstellung.[3]

Welches Krisenverständnis in der Unternehmenspraxis anzutreffen ist, zeigt die folgende Abb. 1. Man erkennt, daß die Praxis überwiegend erst dann von einer Krise spricht, wenn die entsprechenden Krisenauswirkungen im Zahlenwerk des Unternehmens deutlich werden, und zwar entweder in der drohenden Zahlungsunfähigkeit/Überschuldung oder durch anhaltende Verluste. Nur ein kleiner Teil der befragten Experten sieht bereits in einer Beeinträchtigung der Erfolgspotentiale eine Unternehmenskrise. Der durch die Befragung von Unternehmungen, Krisenmanagern, Konkursverwaltern sowie von Beratern und Banken erforschte Krisenbegriff ist also operativ, quantitativ und kurzfristig orientiert.

---

2 Vgl. Bea, F. X.; Haas, J.: Möglichkeiten und Grenzen der Früherkennung von Unternehmenskrisen, in: WiSt, Jg. 1984, S. 486; Krystek, Unternehmungskrisen, 1987, S. 6.; Müller, R.: Krisenmanagement in der Unternehmung: ein Beitrag zur organisatorischen Gestaltung der Prozesse der Krisenbewältigung, Frankfurt am Main 1982, S. 19 ff.

3 Vgl. Bea; Haas, Früherkennung, 1994, S. 486.

Befragte Expertengruppe Eine Unternehmenskrise liegt vor, wenn ...	Unterneh-mungen	Krisen-manager, Konkurs-verwalter	Berater, Banken	Nennungen insgesamt
1) der Unternehmung Illiquidität oder Überschuldung droht	7	4	8	19
2) die Unternehmung nachhaltige Verluste erwirtschaftet	8	3	8	19
3) die Unternehmung keine oder unzureichende Erfolgspotentiale besitzt	2	2	4	8
Nennungen insgesamt	17	9	20	46

Abb. 1: Verständnis des Krisenbegriffs in der Praxis
(Quelle: nach Müller, Krisenmanagement, 1982, S. 22.)

2. Verlauf von Unternehmenskrisen

Unternehmenskrisen folgen idealtypisch einem bestimmten Verlauf, der unter prozeßorientierten und unter inhaltlichen Gesichtspunkten näher beschrieben werden kann.

In prozeßorientierter Hinsicht unterscheidet Krystek folgende vier Phasen der Unternehmenskrise:

1. Phase: Potentielle Unternehmenskrise,
2. Phase: Latente Unternehmenskrise,
3. Phase: Akut/beherrschbare Unternehmenskrise und
4. Phase: Akut/nicht beherrschbare Unternehmenskrise.[4]

Die potentielle Unternehmenskrise als erste Phase bezeichnet den (zumindest gedanklichen) Entstehungszeitraum von Unternehmenskrisen. Die Unternehmens-

[4] Vgl. nachfolgend Krystek, Unternehmungskrisen, 1987, S. 29 - 32.

krise ist lediglich möglich, jedoch noch nicht real eingetreten. Dies gilt als Quasi-Normalzustand der Unternehmung. Durch Szenarien können mögliche Krisen antizipiert und entsprechende Handlungsmaßnahmen überlegt werden, so daß bei Kriseneintritt eine schnelle Reaktion möglich ist. Problematisch ist jedoch die unternehmensindividuelle Identifikation relevanter potentieller Unternehmenskrisen.[5]

Die zweite Phase der latenten Unternehmenskrise ist geprägt durch die verdeckt bereits vorhandene oder mit hoher Wahrscheinlichkeit bald eintretende Unternehmenskrise. Sie ist jedoch noch nicht direkt durch die Unternehmung wahrnehmbar. Mit Hilfe von Früherkennungsmethoden[6] können krisenhafte Entwicklungen ausgemacht und durch präventive Gegenmaßnahmen beeinflußt werden. In dieser Phase bestehen noch vielfältige Handlungsmöglichkeiten. Akute Entscheidungs- und Handlungszwänge sind noch nicht gegeben.[7]

In der dritten Phase, der akut/beherrschbaren Unternehmenskrise, werden die destruktiven Wirkungen mit zunehmendem Zeitablauf immer deutlicher. Dies bewirkt erhöhten Zeitdruck und Entscheidungszwang. Durch Ausschöpfung aller mobilisierbaren Kräfte wird das Krisenbewältigungspotential so ausgeweitet, daß eine erfolgreiche Bewältigung (Beherrschung) der eingetretenen Unternehmenskrise noch möglich ist.[8]

Falls es nicht gelingt, die akute Unternehmenskrise zu beherrschen, tritt der Krisenprozeß in seine vierte und letzte Phase, die akut/nicht beherrschbare Unternehmenskrise. Überlebensrelevante Ziele werden nicht mehr erreicht, da die Krisenbewältigungsanforderungen das verfügbare Krisenbewältigungspotential übersteigen. Eine erfolgreiche Bewältigung ist wegen des zunehmenden Wegfalls von

[5] Vgl. Krystek, Unternehmungskrisen, 1987, S. 29f.
[6] Vgl. die Ausführungen über Frühwarnsysteme in Teil D, Kapitel V. dieser Arbeit.
[7] Vgl. Krystek, Unternehmungskrisen, 1987, S. 30f.
[8] Vgl. Krystek, Unternehmungskrisen, 1987, S. 31.

Handlungsmöglichkeiten, des extremen Zeitdrucks sowie der zunehmenden Intensität der destruktiven Wirkungen nicht mehr möglich. Das Unternehmen gerät unweigerlich in die Insolvenz.[9]

Die folgende Abbildung verdeutlicht diese Beziehungen.

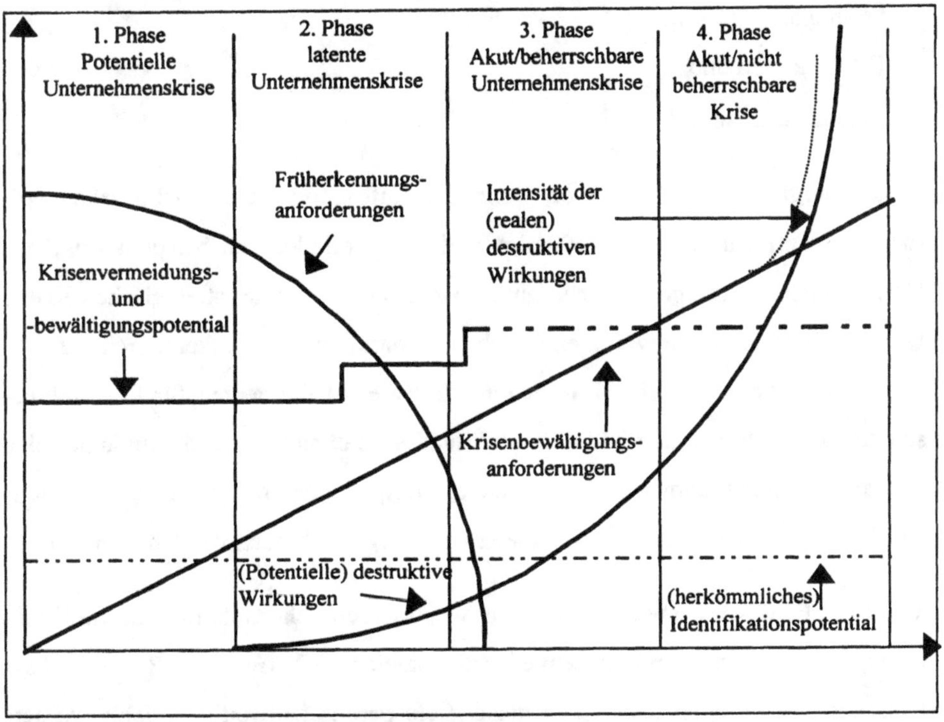

Abb. 2: Phasen des generellen Krisenprozesses
(Quelle: Krystek, Unternehmungskrisen, 1987, S. 30)

Die dargestellten Abläufe nach dem Modell von Krystek haben hohen wissenschaftlichen Erkenntniswert. Die Grenzen der praktischen Anwendbarkeit sollten jedoch beachtet werden. Beispielsweise fällt die Abgrenzung zwischen den einzelnen Phasen im Einzelfall äußerst schwer. Ebenso ist es problematisch zu beurteilen, welches Krisenbewältigungspotential eingesetzt werden muß, um die Anforde-

[9] Vgl. Krystek, Unternehmungskrisen, 1987, S. 31.

rungen zur Krisenbewältigung zu erfüllen. Dies gilt im gleichen Maße für eine intersubjektiv nachprüfbare Krisenfrüherkennung und besonders für die Interpretation schwacher Signale.

Im Unterschied zu diesem Ansatz gliedert Müller in inhaltlicher Hinsicht nach der Art der durch die Krise bedrohten Unternehmensziele:

- Strategische Krisen,
- Erfolgskrisen und
- Liquiditätskrisen. [10]

Eine strategische Krise liegt vor, wenn der Aufbau oder die Verfügbarkeit von Erfolgspotentialen ernsthaft gefährdet sind.[11] So befindet sich beispielsweise ein Unternehmen – trotz gegenwärtig guter Ertragslage – in einer strategischen Krise, wenn ihr das Know-how für eine sich am Markt immer stärker durchsetzende Fertigungstechnologie fehlt. Ein weiteres Beispiel ist die derzeit für viele mittelständischen Unternehmen bedrohliche Situation, daß sich der Firmeninhaber, der oftmals das Unternehmen selbst gründete, infolge seines fortgeschrittenen Alters zur Ruhe setzen will und kein geeigneter Nachfolger gefunden werden kann.

Von einer Erfolgskrise wird gesprochen, wenn wesentliche Gefahren für die Erreichung von taktischen und operativen Erfolgszielen (z.B. Gewinn-, Rentabilitäts-, Umsatzziele) bestehen oder wenn diese Ziele bereits zeitweilig verfehlt worden sind.[12] Dies ist z. B. der Fall, wenn aufgrund einer unzweckmäßigen Absatzpolitik (falsche Preispolitik, unzweckmäßige Werbung, ...) die notwendigen Umsatz- und Gewinnziele nicht erreicht werden.

10 Vgl. nachfolgend Müller, Krisenmanagement, 1982, S. 25 ff.

11 Vgl. Müller, Krisenmanagement, 1982, S. 25.

12 Vgl. Müller, Krisenmanagement, 1982, S. 26.

Eine Liquiditätskrise ist gegeben, wenn die Gefahr der Illiquidität und/oder Überschuldung besteht, d. h. wenn die Insolvenz droht.[13] Insbesondere die Zahlungsunfähigkeit kann schlagartig auftreten (z. B. durch Forderungsausfall, Schadenersatzverpflichtungen, Kündigung von Krediten) und somit innerhalb kurzer Zeit die Existenz des Unternehmens gefährden.

Die Handlungsmöglichkeiten nehmen aufgrund des zunehmenden Zeitdrucks in der Reihenfolge Strategische Krise – Erfolgskrise – Liquiditätskrise progressiv ab. Die einzelnen Krisenarten weisen einen fließenden Übergang auf und können daher nicht eindeutig voneinander abgegrenzt werden. Zudem ist es möglich, daß sich ein Unternehmen zugleich in einer Strategischen Krise, einer Erfolgskrise sowie einer Liquiditätskrise befindet.[14]

Die Insolvenz bildet einen Sonderfall der Krise, sie tritt ein, wenn der Tatbestand der Zahlungsunfähigkeit oder der Überschuldung vorliegt.[15] Jedoch besteht auch hier unter bestimmten Voraussetzungen noch die Möglichkeit, den Fortbestand des Unternehmens zu wahren. Der sachliche und zeitliche Zusammenhang zwischen den verschiedenen Krisenebenen ist in der folgenden Abb. 3 dargestellt.

---

[13] Vgl. Müller, Krisenmanagement, 1982, S. 26.

[14] Vgl. Müller, Krisenmanagement, 1982, S. 26.

[15] Vgl. InsO 1999; Müller, Krisenmanagement, 1982, S. 26.

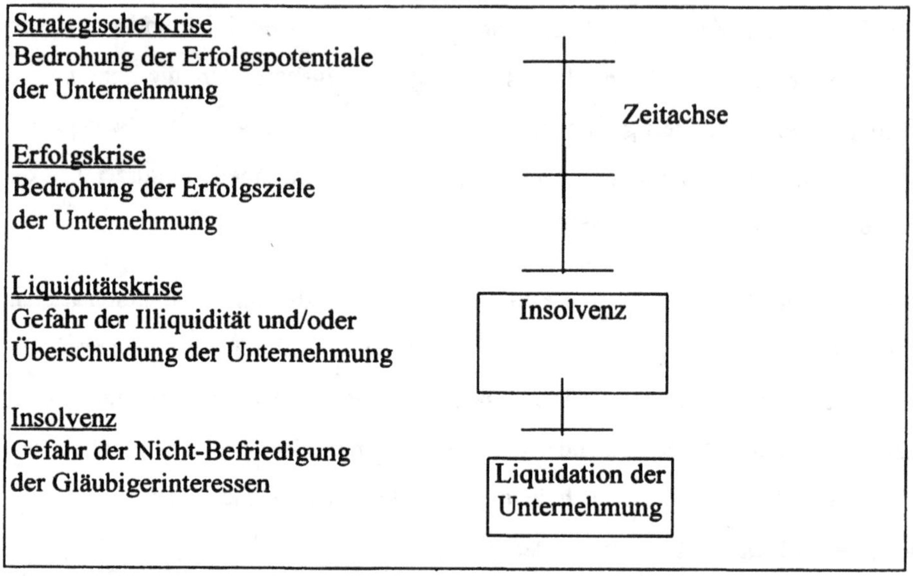

Abb. 3: Stadien des Krisenverlaufs
(Quelle: in Anlehnung an Müller, Krisenmanagement, 1982, S. 27)

3. Ursachen von Unternehmenskrisen

Um eine Unternehmenskrise zu vermeiden oder um eine eingetretene Unternehmenskrise erfolgreich bewältigen zu können, ist es wichtig, die Krisenursachen so frühzeitig zu identifizieren, daß noch rechtzeitig vor Kriseneintritt Gegenmaßnahmen entworfen und durchgeführt werden können.

In der betriebswirtschaftlichen Literatur wird in diesem Zusammenhang zwischen quantitativer und qualitativer Krisenursachenforschung unterschieden.[16] Die quantitative Krisenursachenforschung versucht über die Auswertung statistisch leicht erfaßbarer Daten wie Branchenzugehörigkeit, Rechtsform, Unternehmensgröße und Unternehmensalter die Ursachen zu ermitteln. Die auf induktiven statistischen Methoden oder der Konstruktion von Neuronalen Netzwerken beruhende kurz- bis

[16] Vgl. Krystek, Unternehmungskrisen, 1987, S. 33.

mittelfristige Insolvenzprognose weist in der Zwischenzeit eine beachtliche Treffsicherheit auf. Sie bildet ein in der Praxis inzwischen erprobtes Planungsinstrument für die operative, aber nicht für die strategische Insolvenzvorhersage.

Die im Rahmen der quantitativen Krisenursachenforschung durchgeführten Untersuchungen zeigen folgende Ergebnisse:

- Die Insolvenzanfälligkeit der einzelnen Branchen ist sehr unterschiedlich, wobei das Baugewerbe als besonders krisenanfällig einzustufen ist.
- Die Krisenanfälligkeit wächst mit steigender rechtsformbedingter Haftungsbeschränkung. Besonders gefährdet sind die GmbH / GmbH & Co. KG.
- Mit zunehmender Mitarbeiterzahl wächst die Krisenanfälligkeit, allerdings sinkt sie bei Großunternehmen ab 500 Beschäftigten wieder stark ab.
- Je älter das Unternehmen, desto weniger ist es krisengefährdet. Neugegründete Unternehmen gelten als besonders krisenanfällig. [17]

Die qualitative Krisenursachenforschung basiert auf der Befragung von Experten oder der Analyse individueller Krisenverläufe. Allerdings sind deren Erkenntnisse noch unzureichend ausgebaut und aufgrund einer zum Teil noch fehlenden theoretischen Fundierung meist spekulativer Natur.[18]

Trotzdem wird die qualitative Krisenursachenforschung z. T. als wesentlich aussagefähiger und zum Verständnis von Unternehmenskrisen nützlicher angesehen als die quantitative Krisenursachenforschung.

Von den zahlreichen Untersuchungen soll hier beispielhaft die zu Beginn der 1980er Jahre durchgeführte Studie von Hauschildt dargestellt werden.

Das Datenmaterial zu dieser Untersuchung stammte aus der zwischen 1971 und 1981 erschienenen Serie "Mißmanagement" des manager magazins, in der 72

---

[17] Vgl. Krystek, Unternehmungskrisen, 1987, S. 41.

[18] Vgl. Bea; Haas, Früherkennung, 1994, S. 487.

krisengeschüttelte Unternehmen dargestelllt wurden. Die Studie eignet sich – trotz berechtigter Einwände an der Datenbeschaffung und –auswahl – deshalb besonders zur Erforschung von Krisenursachen, da auch (noch) nicht insolvente Unternehmen einbezogen wurden.[19]

Hauschildt betont, daß in den meisten Fällen die Krise nicht durch eine einzige Ursache ausgelöst wurde, sondern durch die Ansammlung vieler kleiner Mißerfolge. Jedoch trugen Mängel im Absatzbereich sowie Führungsfehler überdurchschnittlich oft zur Krise bei.

Die Abb. 4 auf der folgenden Seite vermittelt einen Überblick über die vielfältigen Krisenursachen.

[19] Vgl. Hauschildt, J.: Aus Schaden klug, in: mm, Jg. 1983, Heft 10, S. 143.

Krisenursachen

1. Person des Unternehmers
- Ein-Mann-Regiment
- Starres Festhalten an früher erfolgreichen Konzepten
- Nepotismus, Ämterpatronage
- Unangemessener Führungsstil
- Unkündbarkeit, Krankheit, Tod

2. Führungsfehler im engeren Sinne
- Zentralistischer Führungsstil
- Koordinationsmängel
- Fehlende Kontrolle, Konfliktscheu
- Entscheidungsschwäche
- Fluktuation des Managements

3. Organisation oder Kontrolle
- Unübersichtliche Organisation
- Fehlen organisatorischer Anpassung
- Zu großspurige Umstrukturierungen
- Rechtsformnachteile
- Konflikte mit Arbeitnehmern

4. Überhastete Expansion
- Fanatisches Streben nach Umsatzerhöhung oder Marktanteilsausweitung
- Aufbau von Leerkapazitäten
- Unkritisches externes Wachstum
- Zu früher Start mit nicht fertig entwickelten Produkten

5. Mängel im Absatzbereich
- Unzeitgemäße Produkteigenschaften, zu hohe /zu niedrige Qualität
- zu breites/zu schmales Programm, kein bewußtes Portfolio
- Falsche Hoch- oder Niedrigpreispolitik
- Keine Wertsicherung, keine Gleitpreise
- Mängel des Vertriebsweges

6. Mängel im Produktbereich
- Veraltete/zu neue, noch unerprobte Technologie
- Hoher Produktionsausschuß
- Mangelhafte Fertigungssteuerung bei zersplitterter Produktion
- Zu starre Bindung an eine einzige Produktfamilie / sprunghafter Wechsel der Produktion
- Unproduktive Eigen- statt Fremdfertigung

7. Mängel in der Beschaffung und Logistik
- Starre Bindung an Lieferanten und Rohstoffquellen
- Politische und Währungsrisiken bei Rohstoffimport
- Großlager am falschen Standort
- Bau statt Miete von Gebäuden
- Verquickung von Beschaffung mit Gewinnverwendung

8. Mängel im Personalwesen
- Fehlende Personalplanung
- Schnelle Entlassung unbequemer Mitarbeiter - Scheu vor Belegschaftsabbau
- Konfliktscheu und mangelnde Härte bei Verhandlungen über Löhne, Gehälter, Sozialleistungen, Sozialpläne, Sachbezüge

9. Mängel im Investitionssektor
- Fehlendes Investitionskalkül
- Fehleinschätzung des Investitionsvolumens
- Koordinationsmängel bei Investitionsabwicklung
- Zu frühe/zu späte Investition
- Unterlassen von Investitionen (Investitionsmüdigkeit/unzweckmäßige Investitionshektik)

10. Mängel in Forschung und Entwicklung
- Zu geringe F+E-Tätigkeit, keine Portfoliopflege - F+E ohne Konzeption
- Detailbesessenheit
- Mangelnde Sachkontrolle/zu starke Kontrolle - Starres Budgetdenken

11. Mangel an Eigenkapital
- Hohe Zinsbelastung
- Niedrige Kreditwürdigkeit
- Keine Möglichkeit des Verlustausgleichs
- Überschätzung der Rücklagen
- Mangelnde Fristenkongruenz

12. Mangelhaftes Planungs- /Kontrollsystem
- Fehlen eines konsolidierten Abschlusses
- Defekte in Kostenrechnung und Kalkulation - Mangelhafte Erfolgsaufschlüsselung (nach Sparten, Produkten, Kundengruppen, etc.)
- Fehlende Finanzplanung
- Mangelhafte Projektplanung

Abb. 4: Krisenursachen nach Hauschildt

(Quelle: Hauschildt, Schaden, 1983, S. 144.)

In der qualitativen Krisenursachenforschung wird auch häufig zwischen endogen und exogen induzierten Krisen unterschieden. So spricht man von endogener Krisenursache, wenn die Krisenursache in der Einflußsphäre des Unternehmens liegt. Als häufigste endogene Krisenursachen gelten Führungsfehler und Eigenkapitalmangel.[20]

Eine exogene Krisenursache liegt vor, wenn die Krisenursache außerhalb der Einflußsphäre des Unternehmens liegt. Hier sind in erster Linie Rezessionen sowie strukturelle Veränderungen im Umfeld des Unternehmens zu nennen.[21]

Krystek faßt die Ergebnisse der Krisenursachenforschung wie folgt zusammen:

- Unternehmenskrisen haben meist nicht nur eine Ursache, sondern entstehen durch das Zusammenwirken von mehreren krisenverursachenden Faktoren,
- Ursachen von Unternehmenskrisen sind häufig nicht eindeutig einstufige, sondern mehrstufige, komplexe Ursache-Wirkungs-Prozesse und
- die Krisenursachen sind normalerweise nicht eindeutig endogen oder exogen, sondern sowohl endogen als auch exogen bestimmt. [22]

Im Unterschied zu anderen Literaturmeinungen sehen Bea/Haas die Krisenursachen ausschließlich endogen bestimmt. Sie begründen dies damit, daß die Umwelt lediglich einen Bedingungsrahmen darstellt, der vom einzelnen Unternehmen nur sehr begrenzt beeinflußt werden kann und an den sich die Unternehmen anpassen müssen, wenn sie überleben wollen. Daher sind Veränderungen dieses Bedingungsrahmens nicht als eigentliche Krisenursachen anzusehen, sondern lediglich als krisenauslösende Faktoren. Die Krisenursachen sind in erster Linie Defizite im Kompetenzprofil der Unternehmen.[23]

---

20 Vgl. Krystek, Unternehmungskrisen, 1987, S. 68.

21 Vgl. Krystek, Unternehmungskrisen, 1987, S. 70.

22 Vgl. Krystek, Unternehmungskrisen, 1987, S. 67.

23 Vgl. Bea; Haas, Früherkennung, 1994, S. 487.

4. Wirkungen von Unternehmenskrisen

Der Eintritt einer Unternehmenskrise wird überwiegend mit negativen Auswirkungen verbunden, wie z. B. mit dem Verlust von Arbeitsplätzen. Jedoch können von einer Unternehmenskrise auch nicht unerhebliche positive Wirkungen ausgehen, wobei letztere sich nicht automatisch, ohne Zutun des Unternehmens einstellen.

Krystek unterscheidet in diesem Zusammenhang destruktive (negative) und konstruktive (positive) Wirkungen, die sich sowohl endogen (in der Unternehmung) als auch exogen (außerhalb der Unternehmung) bemerkbar machen.[24]

Zu den endogenen destruktiven Wirkungen zählen in erster Linie der Verlust von Arbeitsplätzen. Arbeitsplatzverluste treten jedoch nicht nur bei insolventen Unternehmen ein (bei akut/nicht beherrschbarer Krise), sondern können sich auch bei Sanierungen (bei akut/beherrschbarer Krise) sowie Rationalisierungen (bei latenter Krise) von Unternehmen ergeben.[25]

Daneben können Unternehmenskrisen für den einzelnen Arbeitnehmer – selbst bei Erhalt des Arbeitsplatzes – zu erheblichen physischen oder psychischen Belastungen führen. Als Beispiel wäre hier eine Führungskraft im Vertrieb zu nennen, die zur Bewältigung der Krise ein kaum erfüllbares Absatzziel vorgegeben erhält. Als Folge des in Sanierungszeiten (Turn around) besonders starken Erfolgsdrucks stehen die für die Einhaltung der Absatzziele verantwortlichen Führungskräfte unter dauerhaftem Streß, der bis zu Krankheitsymptomen führen kann.

Ebenfalls endogen destruktive Wirkungen betreffen Eigenkapitalgeber, die in einer Krisensituation einen teilweisen oder vollständigen Wertverlust ihres eingesetzten Kapitals erleiden können und auf Gewinnausschüttungen verzichten müssen. Bei

[24] Vgl. zu den nachfolgenden Ausführungen Krystek, Unternehmungskrisen, 1987, S. 72 – 85.

[25] Vgl. Krystek, Unternehmungskrisen, 1987, S. 73.

Einzelkaufleuten und Personengesellschaften tritt ggf. die unbeschränkte Haftung mit dem Privatvermögen hinzu.

Von einer Unternehmenskrise sind besonders auch die für mittelständische Unternehmen typischen geschäftsführenden Gesellschafter als persönlich haftende Unternehmer betroffen. Ihnen droht nicht nur der Verlust von Arbeitsplatz und Eigenkapital, sondern auch der Verlust des (z. T. ererbten) Familienvermögens und ggf. der Abbruch einer langen Familientradition. Für sie können sich in einer Krisensituation neben den finanziellen vor allem auch massive psychische Beeinträchtigungen bemerkbar machen, die, wie spektakuläre Einzelfälle immer wieder belegen, zu tragischen Kurzschlußreaktionen mit Ausstrahlung auf die gesamte Familie führen können.

Negative Wirkungen von Krisen bleiben vielfach nicht nur auf das betreffende Unternehmen beschränkt, sondern strahlen auch auf die Umwelt des Unternehmens aus. Dabei ist festzustellen, daß mit zunehmender Größe des Unternehmens das Ausmaß der wahrgenommenen destruktiven exogenen Wirkungen ansteigt.[26]

Im folgenden werden die möglichen betroffenen Gruppen mit je einem Beispiel für destruktive Wirkungen dargestellt:

- Gesamtwirtschaft: Verminderung der Wettbewerbsfähigkeit,
- Verbundene Unternehmen: Insolvenz der Muttergesellschaft führt auch zur Insolvenz der Tochterunternehmen,
- Fremdkapitalgeber: Ausfall oder verspätete Zahlung von Zins- und Tilgungszahlungen,
- Lieferanten: Ausfall oder verspätete Zahlung von Forderungen,
- Kunden: dringend benötigte Produktionsgüter werden nicht oder nicht rechtzeitig geliefert,

[26] Vgl. Krystek, Unternehmungskrisen, 1987, S. 75.

- Konkurrenten: Insolvenz eines Unternehmens mindert die Kreditwürdigkeit der gesamten Branche und
- Staat: Ausfall von Steuereinnahmen; Zahlung von Arbeitslosengeld/ Konkursausfallgeld.[27]

Neben den zuvor beschriebenen negativen Wirkungen können Unternehmenskrisen auch positive Folgewirkungen haben. Als bekanntes Beispiel dafür läßt sich die heutige Daimler-Chrysler AG anführen. Die krisenhafte Entwicklung im Jahr 1995 führte bei der damals noch als Daimler-Benz AG firmierenden Gesellschaft 1995 zu einem Verlust von rund 6 Mrd. DM. Nach einem grundlegenden Strategiewechsel vom integrierten Technologiekonzern zum Verkehrskonzern und massiven Sanierungsmaßnahmen (z. B. Trennung von Tochtergesellschaften, Kapazitätsanpassungen in der Luft- und Raumfahrt) wurde der Turnaround bereits 1996 erreicht und in den folgenden Jahren Rekordgewinne erzielt. Daß bereits 1996 ein Jahresüberschuß ausgewiesen werden konnte, ist aber nicht zuletzt auf eine außerordentlich hoch dotierte Risikovorsorge im Jahresabschluß 1995 zurückzuführen.[28]

Krystek drückt die der Krise inneliegenden Möglichkeiten zu einer positiven Folgewirkung wie folgt aus: "Zusammenfassend kann gesagt werden, daß konstruktive Wirkungen von Krisen, die sich in einer realisierbaren Chance zur positiven Wandlung manifestieren, stabilisierend auf die krisenbefallene Unternehmung wirken und sie gestärkt aus dem für sie ehemals überlebenskritischen Prozess hervorgehen lassen."[29]

Zu berücksichtigen ist allerdings, daß sich solche endogenen positiven Wirkungen natürlich nur dann realisieren lassen, wenn es gelingt, die Unternehmenskrise erfolgreich zu bewältigen. Eventuelle positive Auswirkungen sind jedoch grund-

---

27 Vgl. Krystek, Unternehmungskrisen, 1987, S. 76 – 81.

28 Vgl. Daimler-Benz AG (Hrsg.): Geschäftsbericht für das Geschäftsjahr 1995, Stuttgart 1996; Daimler-Benz AG (Hrsg.): Geschäftsbericht für das Geschäftsjahr 1996, Stuttgart 1997

sätzlich nur durch aktives Krisenmanagement zu erreichen. Daß eine Krise ohne jegliches eigenes Zutun nicht zu positiven Ergebnissen führt, ergibt sich daraus schlüssig.

Die von konstruktiven Wirkungen einer Unternehmenskrise betroffenen Gruppen können grundsätzlich die gleichen sein wie die von destruktiven Wirkungen betroffenen Gruppen:

- So kann die verbesserte Wettbewerbsfähigkeit für den einzelnen Arbeitnehmer nach der überstandenen Krisensituation einen sicheren Arbeitsplatz herbeiführen als vor der Krise. Für Führungskräfte, die bei der Überwindung der Krise an entscheidender Stelle mitgewirkt haben, können erfolgsorientierte Entgeltkomponenten, z. B. Stock Options, eine weit überdurchschnittliche Gehaltsentwicklung ermöglichen.
- Für die Eigenkapitalgeber führt ein solcher konstruktiver Wandlungsprozeß, z. B. durch die Trennung von Nicht-Kerngeschäftsfeldern, zu einer Wertsteigerung ihrer Anteile. Denkbar ist auch, daß Eigenkapitalgeber ihre Beteiligungen künftig kritischer auf die Risikosituation hin überprüfen.
- Für Unternehmer kann die erfolgreiche Bewältigung einer Krise zu positiven psychischen Auswirkungen führen, wie z. B. einer Erhöhung des Selbstwertgefühls.
- Konstruktive Wirkungen können sich natürlich auch für die Umwelt des Unternehmens ergeben. Hier sei auf die oben genannten Gruppen verwiesen.

Zusammenfassend kann festgehalten werden, daß die von Unternehmenskrisen ausgehenden Wirkungen kurzfristig eher negativer Natur sind, während langfristig gesehen auch positive Wirkungen von einer Krise ausgehen können. So reift vielfach erst durch die akute Unternehmenskrise die Erkenntnis, erstarrte Strukturen aufzubrechen und im Sinne eines Change-Managements neue, innovative Ideen zu

[29] Krystek, Unternehmungskrisen, 1987, S. 84.

verwirklichen, um auf diesem Weg die Zukunftssicherung des Unternehmens zu gewährleisten.

II. Krisenmanagement

1. Begriff des Krisenmanagements

Ebenso wie bei dem Begriff der Unternehmenskrise gibt es für den Begriff des Krisenmanagements unterschiedliche Definitionen. Müller z. B. definiert Krisenmanagement generell als "Führung der Unternehmung zur Bewältigung von Krisen, d. h. von Prozessen, die den Fortbestand der gesamten Unternehmung nachhaltig gefährden".[30]

Während Müller am Krisenmanagement die Krisenbewältigung betont, wird vielfach der Krisenmanagementbegriff auch weiter ausgelegt, indem auch die Vermeidung von Unternehmenskrisen als Krisenmanagementaufgabe angesehen wird.[31]

Krystek versteht Krisenmanagement als "besondere Form der Führung von höchster Priorität, deren Aufgabe es ist, alle jene Prozesse der Unternehmung zu vermeiden oder zu bewältigen, die ansonsten in der Lage wären, den Fortbestand der Unternehmung substantiell zu gefährden oder sogar unmöglich zu machen."[32]

Die Krisenbewältigung wird auch als Krisenmanagement i. e. S. bezeichnet, während das Krisenmanagement i. w. S. neben der Krisenbewältigung auch die Krisenvermeidung umfaßt.

---

30 Müller, Krisenmanagement, 1982, S. 6.

31 Müller versteht Krisenvermeidung als Bestandteil der Unternehmensführung schlechthin, Vgl. Müller, Krisenmanagement, 1982, S. 5.

32 Krystek, Unternehmungskrisen, 1987, S. 90; eine ähnliche Definition findet sich bei Gabele, E.: Ansatzpunkte für ein betriebswirtschaftliches Krisenmanagement, in: ZFO, Jg. 1981, S. 151 sowie bei Bea; Haas, Früherkennung, 1994, S. 487.

Die Vermeidung von Unternehmenskrisen wird auch als aktives Krisenmanagement und die Bewältigung von Unternehmenskrisen als reaktives Krisenmanagement bezeichnet.[33]

2. Abgrenzung zum Risikomanagement

Dieser begrifflichen Klärung folgend, kann unter Krisenmanagement je nach Definitionsumfang die Bewältigung von Krisen oder darüber hinaus auch die Vermeidung von Krisen verstanden werden. Da die Zielsetzung des Risikomanagements auf die Krisenvermeidung ausgerichtet ist, ist es zweckmäßig, eine Abgrenzung der beiden Begriffe vorzunehmen.

Allgemein formuliert kann man Krisenmanagement als den Umgang mit Unternehmenskrisen und das Risikomanagement als Umgang mit unternehmerischen Risiken bezeichnen.

Daher ist zunächst zu klären, in welcher Beziehung die Begriffe Unternehmenskrise und Risiko stehen. Wie zuvor erläutert, wird unter einer Krise das Risiko der Nichterreichung des unternehmerischen Oberziels "Sicherung der langfristigen Unternehmensexistenz" verstanden. Dagegen bezeichnet das Risiko i. w. S. die mögliche Nichterreichung von Zielen wie Gewinn, Wachstum, Qualität u. a., die dem Oberziel Existenzsicherung untergeordnet sind. Folglich kann unter einer Krise die Realisation eines Risikos mit existenzbedrohendem Charakter verstanden werden.[34]

Das KonTraG zielt in erster Linie auf die frühzeitige Erkennung von (latenten) Unternehmenskrisen. Das KonTraG betont am Risikomanagement den Aspekt der Krisenvermeidung (aktives Krisenmanagement), d. h. die frühzeitige Identifikation

33 Vgl. Krystek, Unternehmungskrisen, 1987, S. 106.

und Abwendung existenzgefährdender Risiken. Das Risikomanagement ist eine laufende, ordentliche Aufgabe der Unternehmensführung, während das außerordentliche Krisenmanagement der Unternehmensführung (nur) diejenigen realisierten Risiken bewältigen soll, die vom ordentlichen Risikomanagement nicht verhindert werden konnten und die für das Unternehmen existentiell bedrohend sind.

3. Aufgaben des Krisenmanagements

a) Krisenvermeidung

Die Aufgabe der Krisenvermeidung besteht darin, das Unternehmen vor einer akuten Krise zu bewahren. Bei sehr weiter Auslegung wären damit jedoch alle Unternehmensaktivitäten eingeschlossen, wenn die Existenzsicherung als oberstes Ziel des Unternehmens verstanden wird. Aus diesem Grunde versteht Müller unter Krisenmanagement auch ausschließlich Maßnahmen der Krisenbewältigung.[35]

Dennoch rechtfertigen die besonderen Instrumente und Strategien eines aktiven, prophylaktischen Krisenmanagements die Einordnung als separater Bestandteil eines umfassenden Krisenmanagements. Das aktive Krisenmanagement steht in enger Verbindung mit der laufenden Unternehmensplanung und ergänzt diese unter dem Aspekt potentieller oder latenter Unternehmenskrisen.[36] Die betriebliche Unternehmensplanung verpflichtet in der Regel die Planungsverantwortlichen dazu, bereits im Stadium einer identifizierten latenten Krise außerordentliche Berichte (quick reports) aufzustellen und entsprechende Erwartungsrechnungen (forecasts, Isterwartung) zu erarbeiten. Um die Gesamtabweichung gegenüber der ordentlichen Unternehmensplanung auf ihre Ursachen hin zu analysieren, kann eine

---

34 Vgl. dazu auch Braun, H.: Risikomanagement – Eine spezifische Controllingaufgabe, Darmstadt 1984, S. 269.

35 Vgl. Müller, Krisenmanagement, 1982, S. 5 und 34.

36 Vgl. Krystek, Unternehmungskrisen, 1987, S. 121.

Überleitungsrechnung vom letzten genehmigten Planstand zur Isterwartung durchgeführt werden. Sie erlaubt es, die einzelnen Faktoren, die zu einer krisenhaften Planabweichung führen, differenziert auf ihre Wertigkeit hin zu untersuchen.

Das Ziel des aktiven Krisenmanagements besteht darin, potentielle Krisen zu antizipieren (= Antizipatives Krisenmanagement) und potentielle Krisen zu erkennen (= Präventives Krisenmanagement), um daraufhin entsprechende Maßnahmen zur Verhinderung der Krise einzuleiten. In diesem Zusammenhang erweist sich die Analyse von schwachen Signalen für die Identifikation von potentiellen Krisen von großer Bedeutung, da die traditionellen Instrumente des operativen Managements bevorstehende Krisen i. d. R. erst spät anzeigen.[37] Die betriebliche Erfahrung zeigt jedoch, daß die subjektive Bereitschaft, "einschneidende" Maßnahmen zu treffen, steigt, wenn die quantifizierbaren Zielgrößen des operativen Managements auf eine Krise hindeuten.

Das aktive Krisenmanagement basiert auf einer Analyse der Unternehmung in Bezug auf Stärken und Schwächen sowie der Unternehmensumwelt in Bezug auf Chancen und Bedrohungen.[38] Daran wird der enge Zusammenhang zwischen aktivem Krisenmanagement und Unternehmensplanung deutlich. Zur Suche nach potentiellen Unternehmenskrisen eignen sich vielfältige Prognosemethoden, insbesondere die Szenariotechnik.[39]

Diversifikationsstrategien wurden in der Vergangenheit zur Vermeidung von Krisen eine hohe Bedeutung im Bereich der strategischen Planung zugeschrieben.[40] Durch die Verteilung der Geschäftstätigkeit auf mehrere, voneinander unabhängi-

[37] Zu den schwachen Signalen vgl. Ansoff, H. I.: Managing Surprise and Discontinuity - Strategic Response to Weak Signals, in: ZfbF, Jg. 1976, S. 129 - 152.

[38] Vgl. Bea, F. X.; Kötzle, A.: Ursachen von Unternehmenskrisen und Maßnahmen zur Krisenvermeidung, in: DB, Jg. 1983, S. 568.

[39] Vgl. Krystek, Unternehmungskrisen, 1987, S. 123.

[40] Vgl. Staehle, W. H.: Krisenmanagement, in: Wittmann, W. et al. (Hrsg.), HWB, 5. Auflage, Stuttgart 1993, Sp. 2458.

ge Produkt-Markt-Kombinationen (Geschäftsfelder) soll das Risiko gestreut werden. Kommt es dann in einem Geschäftsfeld zu einer Fehlentwicklung, so kann idealtypisch das Risiko einer Unternehmenskrise durch positive Ergebnisse in den negativ korrelierten anderen strategischen Geschäftsfeldern kompensiert werden. In der Unternehmenspraxis zeigt sich aber beispielsweise am gescheiterten Konzept des integrierten Technologiekonzerns Daimler-Benz AG, wie problematisch Diversifikationsstrategien bei einem falschen Ansatz und fehlender strategischer Prämissenkontrolle sein können.

Im Bereich der operativen Planung wird die Erstellung von Krisenplänen (Notfallpläne, Alternativpläne) empfohlen, um bereits bei drohendem Kriseneintritt entsprechende Gegenmaßnahmen parat zu haben, ohne in die bei solchen Situationen typische Zeitnot zu geraten.[41]

Bea und Kötzle empfehlen zur Krisenvermeidung eine Erhöhung der betrieblichen Flexibilität, um auf relevante Änderungen innerhalb und außerhalb der Unternehmung schnell und reibungslos reagieren zu können.[42]

Dabei können folgende Maßnahmen in Betracht kommen:

- Abbau von fixkostenintensiven Ressourcenpotentialen, z. B. durch Outsourcing von Fertigungsstufen, zugunsten eines höheren Anteils variabler Kosten an den Gesamtkosten,
- Aufbau von mobilitätssteigernden Potentialen (z. B. Erschließung neuer Kapitalquellen, Aufbau von Kapitalrücklagen, qualitative Verbesserung des human capital),
- Überprüfung der rechtlichen Rahmenbedingungen (z. B. Gesellschaftervertrag, Arbeitsverträge),

---

41 Vgl. Staehle, Krisenmanagement, 1993, Sp. 2459.

42 Vgl. nachfolgend Bea; Kötzle, Unternehmenskrisen, 1983, S. 571.

- Erhöhung der organisatorischen Flexibilität (z. B. Einführung flexiblerer Formen der Ablauforganisation, Übergang zu divisionaler Aufbauorganisation, Verkürzung der Kommunikationswege) und
- Verhaltensbeeinflussung der Mitarbeiter (z. B. Erarbeitung von Führungsleitlinien).

Bei der Erkennung von bereits latent vorhandenen Unternehmenskrisen greift grundsätzlich die Überlegung, daß die Chancen zur Vermeidung eines akuten Krisenausbruchs desto höher sind, je frühzeitiger eine solche Krisenentwicklung erkannt wird. Strategische Krisen der Erfolgspotentiale des Unternehmens erfordern zum Aufbau neuer Erfolgspotentiale eine ungleich längere Vorbereitungszeit als operative Krisenmaßnahmen. Mit sinkender verbleibender Reaktionszeit nimmt auch der nutzbare Aktionsraum zur Krisenvermeidung ab. Diese Erkenntnis liegt neben anderen der gesetzlichen Intention von § 91 Abs. 2 AktG zugrunde.

Daher nimmt der Einsatz von Frühwarnsystemen zur frühzeitigen Aufspürung von latenten Krisen eine zentrale Bedeutung im Rahmen eines aktiven Krisenmanagements ein. Da solche Frühwarnsysteme jedoch auch Bestandteil eines Risikomanagements sind, werden sie in Kapitel D ausführlich erläutert.

b) Krisenbewältigung

Aufgabe der Krisenbewältigung (= reaktives Krisenmanagement) ist die Führung des Unternehmens in einer bereits akuten Krisensituation. Dies stellt eine Führungsaufgabe von höchster Priorität dar[43]

Es ist zu untersuchen, ob das Unternehmen weitergeführt (saniert) werden kann und soll oder ob das Unternehmen aufgelöst (liquidiert) wird. Eine dauerhafte Sanierung setzt voraus, daß die Krisenursachen nicht nur identifiziert, sondern

[43] Vgl. Krystek, Unternehmungskrisen, 1987, S. 213.

auch langfristig beseitigt werden, sonst kann in kürzeren Abständen erneut eine Sanierung notwendig werden. Das Ziel des reaktiven Krisenmanagements sollte daher die erfolgreiche Bewältigung eingetretener Unternehmenskrisen sein. Vielfach wird in diesem Zusammenhang auch von Sanierungsmanagement oder einem Turnaround-Management gesprochen.[44]

Bei einer akuten/beherrschbaren Krise steht die Sanierung des Unternehmens durch entsprechende Strategien und Maßnahmen im Mittelpunkt des Krisenmanagements. Krystek bezeichnet dies auch als repulsives Krisenmanagement.[45] Auf eine ausführliche Darstellung des Sanierungsablaufs kann in dieser Untersuchung verzichtet werden. Daher sollen hier exemplarisch mögliche finanzwirtschaftliche Sanierungsstrategien genannt werden. Diese sind wegen der oftmals mit einer Unternehmenskrise verbundenen Insolvenzgefahr durch Überschuldung oder Zahlungsunfähigkeit besonders praxisrelevant.

Den verschiedenen Anspruchsgruppen stehen folgende Sanierungsstrategien zur Verfügung:

- Unternehmensleitung:
  - Auflösung von Rücklagen/Rückstellungen,
  - Kapitalherabsetzung,
  - Veräußerung von Betriebsteilen/Sachanlagen,
  - Veräußerung von Finanzanlagen etc.
- Anteilseigner:
  - Freiwillige Zuzahlung,
  - Zuzahlung oder Zusammenlegung von Anteilen,
  - Kapitalherabsetzung mit anschließender Kapitalerhöhung etc.
- Gläubiger:
  - Zahlungsaufschub,

---

44 Vgl. Müller, Krisenmanagement, 1982, S. 36.
45 Vgl. Krystek, Unternehmungskrisen, 1987, S. 107.

- Zinsreduktion/Zinserlaß,
- Schuldenumwandlung,
- Vergleich (gerichtlich/außergerichtlich),
- Fremdkapitalzuführung etc.[46]

Neben den Autonomiestrategien, bei denen das Unternehmen aus eigener Kraft die Sanierung durchführt, kann die Sanierung auch durch Kooperationsstrategien (z. B. durch Kapitalbeteiligung eines Partners) bewältigt werden.

Wird die akute Krise als nicht beherrschbar eingeschätzt oder bleibt der Sanierungsversuch erfolglos, so ist der Einsatz eines liquidativen Krisenmanagements erforderlich. Es geht hier darum, einen "geordneten Rückzug" durch eine planvolle Liquidation vorzunehmen, in der die Verluste für die verschiedenen Anspruchsgruppen (z. B. Anteilseigner, Mitarbeiter, Gläubiger, Kunden, usw.) möglichst gering zu halten sind.[47] Man unterscheidet dabei freiwillige und zwangsweise Liquidation.

Müller unterscheidet im Unterschied zu der genannten Abgrenzung in Abhängigkeit von seiner Krisendefinition drei Bereiche des Krisenmanagements:

- Anteilseigner:
- Strategisches Krisenmanagement (bei Strategischer Krise),
- Erfolgszielsicherndes Krisenmanagement (bei Erfolgskrise) und
- Liquiditätssicherndes Krisenmanagement (bei Liquiditätskrise).[48]

Das strategische Krisenmanagement soll langfristig die Erfolgspotentiale des Unternehmens gegen Veränderungen insbesondere der Unternehmensumwelt sichern. Beispiele für solche strategisch relevanten Entwicklungen sind z. B. technologischer Wandel, Auftreten neuer Konkurrenten oder verändertes Konsumentenver-

46 Vgl. Krystek, Unternehmungskrisen, 1987, S. 228.
47 Vgl. Krystek, Unternehmungskrisen, 1987, S. 108.
48 Vgl. nachfolgend Müller, Krisenmanagement, 1982, S. 30 f.

halten. Hier sollen die bestehenden Produkt/Markt-Strategien überprüft und, wenn erforderlich, geändert werden. In dieser Betrachtungsweise ist das strategische Krisenmanagement Bestandteil des strategischen Managements mit Konzentration auf die die langfristige Überlebensfähigkeit des Unternehmens bedrohenden Entwicklungen.[49]

Das erfolgszielsichernde Krisenmanagement auf taktischer und operativer Planungsebene soll die drohende Gefahr der Nichterreichung überlebenswichtiger Erfolgsziele (z. B. Umsatz-, Gewinn- oder Rentabilitätsziele) abwenden und die für eine Existenzsicherung notwendige langfristige Ertragslage gewährleisten. Eine operative Erfolgskrise kann auch dann eintreten, wenn keine strategische Krise vorliegt, d. h. die strategischen Erfolgspotentiale intakt sind. Aus der Tatsache, daß ein Unternehmen einen operativen Gewinn erzielt, läßt sich hingegen nicht ableiten, daß keine strategische Krise vorliegt. [50]

Als Maßnahmen zur Bewältigung einer Erfolgskrise eignen sich umfassende Kostensenkungs- und Sparprogramme (z. B. mittels Gemeinkostenwertanalyse oder Zero-Base-Budgeting), Abbau von Überkapazitäten sowie finanzwirtschaftliche (z. B. Kapitalerhöhung, Verkauf von Beteiligungen, Sale and lease back von Anlagevermögen) und absatzpolitsche (z. B. Änderungen der Preis- und Sortimentspolitik) Maßnahmen.[51] Die geeigneten Maßnahmen sind häufig mit der Inkaufnahme von gegenläufigen Einmalkosten, z. B. in Form von Abfindungen, verbunden. Diese oft als außerordentlich zu qualifizierenden Einmalkosten belasten das Ergebnis des Krisenjahres also zunächst einmal zusätzlich und führen erst in den Folgejahren zu Ergebnisverbesserungen. Falls die Einmalkosten am oberen Ende der negativen Zukunftserwartungen angesetzt werden, dienen sie

[49] Vgl. Müller, Krisenmanagement, 1982, S. 30.
[50] Vgl. Müller, Krisenmanagement, 1982, S. 28.
[51] Vgl. Müller, Krisenmanagement, 1982, S. 30.

auch dazu, zukünftige Jahresabschlüsse zu entlasten und eine "natürlich" positive Ergebnisentwicklung vorzubereiten.

Das liquiditätssichernde Krisenmanagement als Bestandteil des operativen Managements soll die kurzfristig drohende Zahlungsunfähigkeit oder die Überschuldung des Unternehmens abwenden. Hierzu dienen in erster Linie finanzwirtschaftliche Maßnahmen, wie z. B. Verkauf von Forderungen oder nicht betriebsnotwendigem Anlagevermögen, vor allem aber die Erschließung weiterer Kreditlinien. Das hier nicht näher behandelte Krisenmanagement im Insolvenzfall faßt Müller als Sonderfall des Krisenmanagements auf, das auch nach Eintreten der Zahlungsunfähigkeit oder Überschuldung den Fortbestand des Unternehmens dauerhaft sichern soll.[52]

Vergleicht man die Konzepte zum Krisenmanagement von Krystek und Müller, so findet man sowohl Gemeinsamkeiten als auch Unterschiede. Beide Autoren betonen die Notwendigkeit von Handlungsmaßnahmen, die nicht erst unmittelbar vor dem Eintritt destruktiver, nicht mehr beherrschbarer Auswirkungen einsetzen, d. h. wenn das Unternehmen bereits kurz vor dem Zusammenbruch steht, sondern empfehlen Instrumente zur Krisenvermeidung (z. B. Frühwarnsysteme). Während für Müller das Vorhandensein einer konkreten, existenzgefährdenden Situation Ausgangspunkt des Krisenmanagements ist, bezieht Krystek auch antizipative, krisenvermeidende Aktivitäten in sein Verständnis des Krisenmanagements mit ein.

52 Vgl. Müller, Krisenmanagement, 1982, S. 31.

C. Notwendigkeit eines Risikomanagements durch das Gesetz zur Kontrolle und Transparenz im Unternehmensbereich (KonTraG)

I. Ziele des KonTraG

Am 1.5.1998 ist das Gesetz zur Kontrolle und Transparenz im Unternehmensbereich (KonTraG) in Kraft getreten. Es enthält umfangreiche Änderungen des Aktien– und Handelsgesetzes.

Das KonTraG entstand aufgrund zahlreicher negativer Unternehmensentwicklungen in den vergangenen Jahren (z.B. Metallgesellschaft, Schneider, Balsam, Sachsenmilch). Diese spektakulären Unternehmenskrisen haben zur heftiger Kritik an Banken, Wirtschaftsprüfern und Aufsichtsräten geführt, denen eine Mitschuld an den Krisen beigemessen wird. Ein weiterer Grund für den Gesetzentwurf ist die verstärkte Finanzierung großer deutscher Unternehmen an den internationalen Kapitalmärkten und der damit verbundenen Angleichung an internationale Regelungen.[1]

Mit dem KontraG werden insbesondere zwei Ziele verfolgt:

1. Schwächen und Verhaltensfehlsteuerungen im deutschen Unternehmenskontrollsystem und des Mitbestimmungsrechts sollen korrigiert werden.
2. Der zunehmenden Ausrichtung deutscher Publikumsgesellschaften an den Informationsbedürfnissen internationaler Investoren soll Rechnung getragen werden.[2]

---

[1] Zeitlich nahezu parallel zum KonTraG wurde das Gesetz zur Verbesserung der Wettbewerbsfähigkeit deutscher Konzerne an Kapitalmärkten und zur Erleichterung der Aufnahme von Gesellschafterdarlehen (Kapitalaufnahmeerleichterungsgesetz - KapAEG) verabschiedet, das u. a. deutschen börsennotierten Unternehmen die Möglichkeit gibt, einen Konzernabschluß nach international anerkannten Rechnungslegungsgrundsätzen mit befreiender Wirkung in Deutschland aufstellen zu können.

[2] Vgl. BT-Drucksache 13/9712: Entwurf eines Gesetzes zur Kontrolle und Transparenz im Unternehmensbereich (KonTraG) vom 28.01.98, S. 11; Brebeck, F.; Herr-

Um diese Ziele zu erreichen, beinhaltet das KonTraG u. a. drei bedeutende Neuregelungen. Diese sind die Verpflichtung zur Einrichtung eines Risikomanagementsystems, die Berichterstattung über Risiken der künftigen Entwicklung im Lagebericht sowie die Ausweitung der Jahresabschlußprüfung.

II. Neuregelungen des KonTraG

Von den Neuregelungen des Aktien- und Handelsgesetzes sollen hier nur diejenigen erläutert werden, die einen bezug zum Risikomanagement haben.[3] Dazu zählt zum einen die Einrichtung eines Risikomanagementsystems. Der zweite Punkt bezieht sich auf die Verpflichtung, im Lagebericht auf die Risiken der zukünftigen Entwicklung einzugehen. Die dritte hier behandelte Neuregelung bezieht sich auf Änderungen der Abschlußprüfung.

mann, D.: Zur Forderung des KonTraG-Entwurfs nach einem Frühwarnsystem und zu den Konsequenzen für die Jahres- und Konzernabschlußprüfung, in: WP, Jg. 1997, S. 381.

3 Vgl. zu weiteren Neuregelungen des KonTraG Hommelhoff, P; Mattheus, D.: Corporate Governance nach dem KonTraG, in: AG, Jg. 1998, S. 249 – 259.

1. Einrichtung eines Risikomanagementsystems

a) Anwendungsbereich

Der Gesetzgeber verpflichtet durch den neuen Absatz 2 des § 91 AktG Vorstände von Aktiengesellschaften dazu, „geeignete Maßnahmen zu treffen, insbesondere ein Überwachungssystem einzurichten, damit den Fortbestand der Gesellschaft gefährdende Entwicklungen früh erkannt werden". Die Pflicht, ein angemessenes Risikomanagement und eine angemessene Interne Revision zu installieren und zu betreiben, soll durch diese Formulierung verdeutlicht werden.[4]

Die Verpflichtung zur Einrichtung eines Risikomanagementsystems betrifft gemäß Wortlaut explizit nur Aktiengesellschaften. Zu klären ist, inwieweit diese Verpflichtung im Konkreten auch für andere Gesellschaften gilt. Diese Frage betrifft besonders die GmbH, die eine zentrale wirtschaftliche Bedeutung hat.

In der entsprechenden Gesetzesbegründung heißt es dazu: „In das GmbHG soll keine entsprechende Neuregelung aufgenommen werden. Es ist davon auszugehen, daß für Gesellschaften mit beschränkter Haftung je nach ihrer Größe, Komplexität ihrer Struktur usw. nichts anderes gilt und die Neuregelung Ausstrahlungswirkung auf den Pflichtenrahmen der Geschäftsführer auch anderer Gesellschaftsformen hat".[5]

Diese Ausstrahlungswirkung wird damit begründet, daß der Geschäftsführer einer GmbH nach § 43 Abs. 1 GmbHG in den Angelegenheiten der Gesellschaft die Sorgfalt eines ordentlichen Geschäftsmannes anzuwenden hat. Mit diesem Wortlaut ist das gleiche gemeint wie mit dem ordentlichen und gewissenhaften Geschäftsleiter in § 93 Abs. 1 S. 1 AktG. Nach dieser Auslegung kann davon ausge-

---

[4] BT-Drucksache 13/9712, S. 15.

[5] BT-Drucksache 13/9712, S. 15.

gangen werden, daß die für Vorstände von Aktiengesellschaften zutreffenden Regelungen sinngemäß auch auf Geschäftsführer von GmbHs anzuwenden sind.[6] Dies bedeutet für die Wirtschaftspraxis jedoch nicht zwingend, daß ausnahmslos alle GmbHs über ein Risikomanagementsystem verfügen müssen.[7] Hommelhoff/Mattheus warnen zu Recht davor, die Regelungen des § 91 Abs. 2 AktG undifferenziert auf die GmbH zu übertragen.[8]

Der Gesetzgeber zielt mit der Ausstrahlungswirkung vielmehr auf solche Gesellschaften, und zwar nur auf solche, die mit einer AG strukturell vergleichbar sind. Problematisch gestaltet sich allerdings die Konkretisierung der Ausstrahlungswirkung, denn bereits bei den AGs besteht keine Verpflichtung zu einem rechtsformeinheitlichen Risikomanagementsystem, denn auch bei Aktiengesellschaften variieren Größe, Struktur und Komplexität.

Weder der Gesetzeswortlaut noch die Gesetzesbegründung geben Gestaltungshilfen zur Installation des Risikomanagementsystems.[9] Wenn im Gesetz von Überwachungssystem die Rede ist, so ist im folgenden damit der Begriff Risikomanagementsystem gemeint, soweit nichts anderes dargestellt wird. Die konkrete Ausformung des Risikomanagementsystems hängt von verschiedenen Einflußfaktoren ab. Der Gesetzgeber nennt als Determinanten ausdrücklich:

- „Größe des Unternehmens,

---

6 Vgl. Scharpf, P.: Die Sorgfaltspflichten des Geschäftsführers einer GmbH – Pflicht zur Einrichtung eines Risikomanagement- und Überwachungssystems aufgrund der geplanten Änderung des AktG auch für den GmbH-Geschäftsführer, in: DB, Jg. 1997, S. 737.

7 Zu der Ausstrahlungswirkung auf die GmbH vgl. Hommelhoff; Mattheus, Risikomanagement, 2000, S. 220; Altmeppen, H.: Die Auswirkungen des KonTraG auf die GmbH, in: Zeitschrift für Unternehmens- und Gesellschaftsrecht, Jg. 1999, S. 301f.

8 Vgl. Hommelhoff; Mattheus, Risikomanagement, 2000, S. 221.

9 Vgl. IIR-Arbeitskreis „Interne Revision in der Versicherungswirtschaft“: Konzept für den Aufbau eines Risikomanagementsystems (RMS) unter Berücksichtigung

- Branche,
- Struktur und Komplexität des Unternehmens und
- Kapitalmarktzugang usw."[10]

Die konkrete Ausgestaltung von Risikomanagementsystemen wurde vom Gesetzgeber wohl auch deshalb nicht vorgegeben, weil die betriebswirtschaftliche Theorie und Praxis hier noch zu keiner endgültigen Lösung gefunden haben.[11]

Für die praktische Handhabung erweist sich die o. g. Aufzählung, abgesehen von dem Verweis auf weitere, nicht im einzelnen aufgeführte Einflußfaktoren, als wenig operational. So bleibt z. B. unklar, ob die Einflußfaktoren gleichwertig sind oder ob eine Unter- und Überordnung vorliegt. So kann bspw. das Merkmal Kapitalmarktzugang eine so zentrale Determinante sein, daß sie andere Merkmale, wie zum Beispiel die Unternehmensgröße, überlagert. Dieses Beispiel ist von erheblicher praktischer Bedeutung, da seit einigen Jahren eine steigende Zahl von Börsengängen kleiner und mittlerer Unternehmen zu verzeichnen ist.

Dies wird neben anderen Faktoren wesentlich auf die Einführung des Neuen Marktes an der Frankfurter Wertpapierbörse zurückgeführt. Der Neue Markt ist das privatrechtlich organisierte Handelssegment für innovative kleine und mittlere Wachstumsunternehmen in Deutschland.[12]

der Anforderungen durch das KonTraG, in: Zeitschrift für Interne Revision, Jg. 1999, H. 4, S. 186.

10 BT-Drucksache 13/9712, S. 15.

11 Vgl. Vogler, M.; Gundert M.: Einführung von Risikomanagementsystemen - Hinweise zur praktischen Ausgestaltung, in: DB, Jg. 1998, S. 2377.

12 Vgl. Martin, Th. A.: Der Neue Markt an der Frankfurter Wertpapierbörse und die Probleme mittelständischer Unternehmen bei der Finanzierung über Eigenkapitalzufuhr, AG, Jg. 1998, H. 5, S. 221 - 226; Förschle, G.; Helmschrott, H.: Der Neue Markt an der Frankfurter Wertpapierbörse, in: WPK-Mitteilungen, Jg. 1997, H. 3, S. 188 - 194; Ruda, W.: Financial Problems of Medium-Sized Enterprises in Germany - An Approach towards the Improvement of Equity Capitalization, in: University of West Bohemia (ed.), Proceedings of the International Conference „Business Development in Theory and Practice", Part 1, Cheb 1997, S. 72 - 84.

Wenn die Unternehmensgröße als Merkmal zur Beurteilung der Angemessenheit des Ausbaugrades herangezogen wird, entfallen Meß- und Abgrenzungsfragen, wie sie mit den Merkmalen Branche und Struktur verbunden sind. Aber auch bei der Bestimmung der Unternehmensgröße sind gewisse Meßprobleme vorhanden, z. B. hinsichtlich des Merkmals, anhand dessen die Größe gemessen wird.

Das Merkmal Branche stößt z. B. hinsichtlich der Gliederungstiefe der Gesamtwirtschaft nach Branchen auf Abgrenzungsprobleme. Für Unternehmen, die in unterschiedlichen Branchen tätig sind, ergibt sich zusätzlich die Fragestellung, welcher Branche das Unternehmen letztlich zugeordnet wird. Es ist in solchen Fällen nicht zweckmäßig, für die einzelnen Geschäftsbereiche unterschiedliche Standards für das Risikomanagementsystem anzuwenden. Stattdessen muß ein Standard für das gesamte Unternehmen fixiert werden, der sich an der Branche orientiert, die hinsichtlich der Risiken im Sinne des KonTraG und der Bedeutung für das Gesamtunternehmen am stärksten gefährdet ist.

Die Anforderungen an den Detaillierungsgrad und Formalisierungsgrad eines Risikomanagementsystems stehen ohne Zweifel auch in Wechselwirkung mit der Unternehmensgröße. Je kleiner ein Unternehmen ist, desto einfacher kann das Risikomanagementsystem ohne Abstriche an der Wirksamkeit ausgestaltet sein. Das Controlling erfolgt in kleinen oder jungen Unternehmen i. d. R. informeller und weniger detailliert als in Großunternehmen. Dies reicht bis hin zu ausgegliederten Controllinglösungen oder der Existenz von nur rudimentären Controllinginstrumenten.[13] Hinzu kommt, daß in Kleinunternehmen oft keine eigenständige

[13] Vgl. zum Controlling und der Kostenrechnung in mittelständischen Unternehmen Martin, Th. A.: Controlling in der Wachstumsphase mittelständischer Unternehmen - Bausteine für die Einführung des Kosten- und Erlöscontrollings, in: Zeitschrift für Klein- und Mittelunternehmen - IGA, Jg. 1999, H. 1, S. 38 ff.; Kosmider, A.: Controlling im Mittelstand - Eine Untersuchung der Gestaltung und Anwendung des Controllings in mittelständischen Industrieunternehmen, Diss., 2. Aufl. Stuttgart 1994; Kosmider, A.: Stand und Einflußfaktoren der Kostenrechnung im Mit-

Controllerstelle eingerichtet ist, gleiches gilt für die Interne Revision. Auch die geringe Unternehmensgröße rechtfertigt es nicht, Controllingfunktion und Revisionsfunktion in einer einzigen Person zu vereinigen, weil das Controlling selbst Prüfungsobjekt der Revision ist.

In der Literatur wird die Ausstrahlungswirkung auch von der Existenz eines (gesetzlich vorgeschriebenen) Aufsichtsrats abhängig gemacht.[14] Nach § 77 Abs. 1 BetrVG 1952 z. B. haben auch GmbHs mit mehr als 500 Arbeitnehmern einen Aufsichtsrat zu bilden. Dies würde bedeuten, daß zumindest GmbHs dieser Größenordnung in den Geltungsbereich der Ausstrahlungswirkung des § 91 Abs. 2 AktG fallen. Dies wird damit begründet, daß der Gesetzgeber bei der Neuregelung eine bestimmte Organisationsstruktur im Auge gehabt hat, und zwar die Trennung von Leitungs- und Überwachungsorgan.[15]

Über diese Auslegung hinaus sind sonstige Kapitalgesellschaften dann von der Neuregelung betroffen, wenn sie eine mit der AG vergleichbare Organstruktur, besonders einen (Aufsichts)Rat als Überwachungsorgan aufweisen.[16] Nach Hommelhoff/Mattheus fallen GmbHs zumindest auch dann unter diese Verpflichtung, wenn sie börsengängige Anleihen oder Genußrechte am Kapitalmarkt plazieren.[17]

Eine an eine AG angelehnte Unternehmensverfassung findet sich häufig auch bei jungen Technologieunternehmen mit Beteiligung von Venture Capital-

telstand, in: Weber, J. (Hrsg.), Kostenrechnung im Mittelstand, Stuttgart 1992, S. 30 ff.

14 Vgl. Schruff, W.: Meinungen zum Thema: KonTraG - Mehr Kontrolle und Transparenz?, in: BFuP, Jg. 1999, S. 441; Hommelhoff; Mattheus, Risikomanagement, 2000, S. 221.

15 Vgl. Hommelhoff, P.; Matteus, D.: Meinungen zum Thema: KonTraG - Mehr Kontrolle und Transparenz?, in: BFuP, Jg. 1999, S. 439.

16 Vgl. Böcking, H.-J.; Orth, C.: Risikomanagement und das Testat des Abschlußprüfers, in: BFuP, Jg. 2000, S. 245.

17 Vgl. Hommelhoff; Mattheus, Risikomanagement, 2000, S. 221.

Gesellschaften und/oder sogenannten Business Angels. Diese sind zwar Gesellschafter der GmbH, allerdings regelmäßig ohne Kapitalmehrheit. Die Venture Capital-Gesellschaften streben deshalb zur Absicherung ihres Einflusses häufig die Einrichtung eines Beirates oder Aufsichtsrates an. Über die Einrichtung solcher Organe nehmen sie Beratung und Aufsicht über die Geschäftsführung, die in den Händen der Unternehmensgründer und Hauptgesellschafter liegt, wahr. Es wird deshalb als zweckmäßig angesehen, auch diese Unternehmen der Ausstrahlungswirkung mit dem Ergebnis unterzuordnen, daß sie ein Risikomanagementsystem aufzubauen und zu betreiben haben.

Während die Ausstrahlungswirkung des § 91 Abs. 2 AktG auf mit der AG vergleichbare sonstige Kapitalgesellschaften generell bejaht werden kann[18], ist weiterhin noch zu klären, ob auch Personengesellschaften von der Neuregelung betroffen sind. In der Gesetzesbegründung wird hierauf im Sinne einer gewissen Ausstrahlung auf den Pflichtenrahmen eingegangen. Es ist jedoch davon auszugehen, daß die damit zum Ausdruck gebrachte Ausstrahlung nur auf solche Unternehmen abzielt, bei denen eine Trennung zwischen Kapitalgebern, Geschäftsführung und Überwachungsinstanz vorliegt. Da gerade dies bei Personengesellschaften in der Breite der Fälle jedoch nicht zutrifft, ist eine undifferenzierte generelle Ausstrahlungswirkung auf Personengesellschaften grundsätzlich zu verneinen.[19] Soweit die Personengesellschaften im Unterschied hierzu als Tochterunternehmen Bestandteil eines Konzerns nach § 290 HGB sind, erstreckt sich die Verpflichtung

---

18 Vgl. Emmerich, G.: Risikomanagement in Industrieunternehmen - gesetzliche Anforderungen und Umsetzung nach dem KonTraG, in: ZfbF, Jg. 1999, H. 11, S. 1078.

19 So auch Lenz, H.: Meinungen zum Thema: KonTraG - Mehr Kontrolle und Transparenz?, in: BFuP, Jg. 1999, S. 441. Anderer Ansicht Emmerich, 1999, S. 1077. Einen Unterschied sieht er nur im Verschuldensmaßstab, nicht jedoch in der sachlichen Verpflichtung.

des Konzernmutterunternehmens allerdings auch auf solche Gesellschaften.[20] „Die Pflicht zur Risikokontrolle korrespondiert in Umfang und Intensität damit, in welcher Weise das herrschende Unternehmen seine Konzernleitungsmacht konkret ausübt".[21]

Nach dem Darfürhalten des IDW sind Unternehmen im Anteilsbesitz von Gebietskörperschaften als Folge der in einem besonderen Maße gegebenen Verpflichtung zu einem sorgsamen Mitteleinsatz unabhängig von der Rechtsform und Größe nach § 53 HGrG verpflichtet, ein angemessenes Risikofrüherkennungssystem zu errichten. Die Prüfung der Ordnungsmäßigkeit der Geschäftsführung bezieht sich demzufolge dann auch auf die Frage der Einrichtung und der Angemessenheit des Risikomanagementsystems.[22]

b) Inhalt

Der Vorstand einer AG ist nach § 91 Abs. 2 AktG verpflichtet, ein Risikomanagementsystem zur Früherkennung einzurichten, auch wenn die Bezeichnung Risikomanagementsystem nicht explizit verwendet wird.[23]

Durch diese Neuregelung soll die einschlägige Verpflichtung des Vorstandes verdeutlicht werden. Es handelt sich dabei um eine gesetzliche Konkretisierung der allgemeinen Leitungspflichten des Vorstandes gemäß § 76 AktG, zu der auch

---

20 Vgl. Hornung, K.; Reichmann, T.; Diederichs, M.: Risikomanagement - Teil I: Konzeptionelle Ansätze zur pragmatischen Realisierung gesetzlicher Anforderungen, in: Controlling, Jg. 1999, S. 318; Hommelhoff; Mattheus, Risikomanagement, 2000, S. 220; Bitz, Risiko-Managementsystem, 2000a, S. 232.

21 Hommelhoff; Mattheus, Risikomanagement, 2000, S. 227.

22 IDW-Prüfungsstandard: Fragenkatalog zur Prüfung der Ordnungsmäßigkeit der Geschäftsführung und der wirtschaftlichen Verhältnisse nach § 53 HGrG (IDW PS 720), Tz. II. (8).

23 In § 317 Abs. 4 HGB verwendet der Gesetzgeber den Terminus „Überwachungssystem".

die Organisation gehört. Eine Verletzung dieser Organisationspflicht kann zur Schadensersatzpflicht führen (§ 93 Abs. 2 AktG).[24]

Der Gesetzgeber zielt mit dem § 91 Abs. 2 AktG auf eine frühzeitige Identifikation von Risiken, die den Fortbestand des Unternehmens gefährden können. Die Frühwarnung soll zu einem Zeitpunkt erfolgen, zu dem noch geeignete Maßnahmen zur Sicherung des Unternehmensbestandes getroffen werden können.[25] Mit dem Abs. 2 des § 91 AktG wird auf eine Risiko- oder Krisenfrüherkennung als ein Bestandteil des gesamten Risikomanagements abgezielt.[26] Risikomanagement kann als die Einheit von organisatorischen Regelungen und Maßnahmen zur Risikoerkennung und zum Umgang mit den unternehmerischen Risiken verstanden werden.[27] Risikomanagement darf jedoch nicht als eine einmalige Durchführung und Abstimmung von Maßnahmen zur Risikofrüherkennung aufgefaßt werden, es ist vielmehr eine laufende, dauerhafte Managementaufgabe.[28]

Als bestandsgefährdende Entwicklungen werden beispielhaft genannt:

- risikobehaftete Geschäfte,
- Unrichtigkeiten der Rechnungslegung und
- (sonstige) Verstöße gegen gesetzliche Vorschriften,

die sich auf die Vermögens-, Finanz- und Ertragslage der Gesellschaft oder des Konzerns wesentlich auswirken.[29]

---

24 Vgl. BT-Drucksache 13/9712, S. 15. Vgl. auch Bitz, Risiko-Managementsystem, 2000a, S. 233.

25 Vgl. BT-Drucksache 13/9712, S. 15.

26 Vgl. Hommelhoff; Mattheus, Risikomanagement, 2000, S. 219; Bitz, Risiko-Managementsystem, 2000a, S. 237.

27 Vgl. IDW (PS 340) Prüfungsstandard: Die Prüfung des Risikofrüherkennungssystems nach § 317 Abs. 4 HGB, in: WP, Jg. 1999, S. 658.

28 Vgl. KPMG, Risikomanagement, 1998, S. 17.

29 Vgl. BT-Drucksache 13/9712, S. 15.

„Die Maßnahmen interner Überwachung sollen so ausgestaltet sein, daß solche Entwicklungen frühzeitig, also zu einem Zeitpunkt erkannt werden, in dem noch geeignete Maßnahmen zur Sicherung des Fortbestandes der Gesellschaft ergriffen werden können. Bei Mutterunternehmen i. S. d. § 290 HGB ist die Pflicht zur Ausgestaltung eines Risikomanagementsystems im Rahmen der bestehenden gesellschaftsrechtlichen Möglichkeiten konzernweit zu verstehen, sofern von Tochterunternehmen den Fortbestand der Gesellschaft gefährdende Entwicklungen ausgehen können."[30]

Als Orientierungshilfe hat der Hauptausschuß des Instituts der Wirtschaftsprüfer (IDW) einen Prüfungsstandard über die Prüfung des Risikofrüherkennungssystems nach § 317 Abs. 4 HGB verabschiedet (IDW PS 340), in dem auch die zu treffenden Maßnahmen nach § 91 Abs. 2 AktG erläutert werden.

Darin werden die auszuführenden Maßnahmen genannt:

- Festlegung der Risikofelder, die zu bestandsgefährdenden Entwicklungen führen können,
- Risikoerkennung und Risikoanalyse,
- Risikokommunikation,
- Zuordnung von Verantwortlichkeiten und Aufgaben,
- Einrichtung eines Überwachungssystems und
- Dokumentation der getroffenen Maßnahmen.[31]

Diese einzelnen Maßnahmen sollen hier nicht weiter erläutert werden, da sie Bestandteil der Ausführungen zu den Kapiteln D und E sind.

---

30 BT-Drucksache 13/9712, S. 15.

31 Vgl. IDW PS 340, Ziffer 3, 1999, S. 659f.

c) Würdigung

Die gesetzliche Verpflichtung zur Einrichtung eines Risikomanagementsystems wird sowohl von der Wissenschaft als auch von der Praxis generell befürwortet.[32] So ergab eine Befragung unter den 100 größten deutschen börsennotierten Aktiengesellschaften eine deutliche Mehrheit für die Neuregelung. [33]

Vielfach ist zumindest in größeren Unternehmen bereits ein Risikomanagement vorhanden[34], wenn auch vielleicht unter anderer Bezeichnung enthalten in Bereichen wie etwa Internes Kontrollsystem, Controlling, Sicherheitsmanagement, Qualitätsmanagement oder ähnlichem. Daher hat die Neuregelung für solche Unternehmen möglicherweise nur deklatorische Bedeutung, denn § 91 Abs. 2 AktG konkretisiert die bereits vor Inkrafttreten des KonTraG bestehende Sorgfaltspflicht des Vorstands.[35] Doch auch für diese Unternehmen gibt das KonTraG Anlaß, den Stand ihres Risikomanagementsystems kritisch zu überprüfen, zu dokumentieren, die Risikoinstrumente zu integrieren und das Gesamtsystem prüfungsfähig zu machen.[36]

Die Neuregelung des Gesetzgebers ist zu begrüßen, weil sie die Unternehmen nicht nur für den Umgang mit Risiken sensibilisiert, sondern sie darüber hinaus

---

32 Vgl. etwa Hommelhoff; Mattheus, Corporate Governance, 1998, S. 251.

33 Vgl. Förschle, G.; Glaum, M.; Mandler, U.: Gesetz zur Kontrolle und Transparenz im Unternehmensbereich: Umfrage unter Führungskräften börsennotierter Unternehmungen, in: DB, Jg. 1998, S. 892.

34 Vgl. Böcking; Orth, Risikomanagement, 2000, S. 251; Lehner, U.: Risikomanagement - ein Gegenstand der Abschlußprüfung, in: Baetge, J. (Hrsg.), Auswirkungen des KonTraG auf Rechnungslegung und Prüfung, Düsseldorf 1999, S. 27f.; Lehner, U.; Schmidt, M.: Risikomanagement im Industrieunternehmen, in: BFuP, Jg. 2000, S. 263.

35 Vgl. Ernst, C.: KonTraG und KapAEG sowie aktuelle Entwicklungen zur Rechnungslegung und Prüfung in der EU, in: WP, Jg. 1998, S. 1026.

36 Vgl. zum Stand des finanzwirtschaftlichen Risikomanagements in börsennotierten großen deutschen Industrie- und Handelsunternehmen Glaum, M.; Förschle, G.: Finanzwirtschaftliches Risikomanagement in deutschen Industrie- und Handelsunternehmen, in: Der Betrieb, Jg. 2000, H. 12, S. 581ff.

dazu anleitet, sich mit der Leistungsfähigkeit ihres Risikomanagements und speziell ihres Risikofrüherkennungssystems auseinanderzusetzen. Daß die Existenz eines funktionsfähigen Risikomanagementsystems allein nicht ausreichend ist, um den Fortbestand des Unternehmens dauerhaft zu sichern, oder eine Gewährleistung für risikofreie Geschäfte darstellt, ist evident.

Für die von der Einführung eines obligatorischen Risikomanagementsystems betroffenen mittelständischen Unternehmen besteht im Vergleich zu der überwiegenden Zahl der Großunternehmen jedoch Handlungsbedarf in den Bereichen Frühwarnung, Controlling, Internes Überwachungssystem und Interne Revision. Die Tatsache, daß Controlling und Revision existieren, stellt allein nicht sicher, daß latente Krisen rechtzeitig erkannt werden. Dies ist u. a. darauf zurückzuführen, daß das Controlling (wesentlich) auch Ziele verfolgt, die nicht der Früherkennung dienen, z. B. die monatliche Wirtschaftlichkeitskontrolle in den Kostenstellen.

Für neugegründete Unternehmen in der Rechtsform einer AG, aber auch für GmbHs, die sich der Struktur nach an eine AG anlehnen, besteht als Folge der Neuregelung in der Praxis die Aufgabe, bereits von Gründung an risikoorientierte Planungs- und Controllingfunktionen aufzubauen und eine formalisierte und dokumentierte Überwachung des Unternehmens durch die Geschäftsführung zu etablieren. Die gesetzlichen Anforderungen werden in Zukunft also nicht mehr erfüllt werden, wenn erst in der Lebenszyklusphase der Etablierung oder des Wachstums[37] damit begonnen wird, die genannten Managementfunktionen einzuführen und im Zeitablauf zu einem Risikomanagementsystem zusammenzufügen.

---

37 Der heuristische Bezugsrahmen des Lebenszyklus von Unternehmen umfaßt die Phasen Gründung, Etablierung, Wachstum, Reife, Schrumpfung und Beendigung. Vgl. dazu Pümpin, C.; Prange, J.: Management der Unternehmensentwicklung. Phasengerechte Führung und der Umgang mit Krisen, Frankfurt am Main, 1991, S. 45; Mugler, J.: Betriebswirtschaftslehre der Klein- und Mittelbetriebe, 2. Aufl., Wien-New York 1995, S. 150 - 158.

Kritisch bleibt anzumerken, daß der Gesetzgeber keine weitere Konkretisierung bezüglich der Ausstrahlungswirkung auf andere Gesellschaften vorgenommen hat, da bei einer Vergleichbarkeit von Größe oder Struktur quantitative oder qualitative Vergleichswerte herangezogen werden müssen. Weil solche Vergleichswerte jedoch nicht vorgegeben wurden, bleibt die Ausstrahlungswirkung in vielen Fällen Auslegungssache. Das Vorhandensein eines gesetzlich vorgeschriebenen Aufsichtsrats kann z. B. nur ein erster Anhaltspunkt dafür sein, welche Unternehmen außerhalb der AG betroffen sind. Im Zweifelsfalle sollte daher ein Risikomanagement schon aus Eigeninteresse eingerichtet werden, da dieses nicht nur zur Erfüllung der gesetzlichen Verpflichtung dient, sondern vor allem auch ein wirksames Instrument der Geschäftsleitung zur Erreichung der Unternehmensziele sein kann.

Aus Sicht des Gesetzgebers war es sicherlich sinnvoll, nur sehr allgemeine Anforderungen an das einzurichtende Risikomanagementsystem zu formulieren, da eine Vielzahl unterschiedlichster Unternehmen betroffen sind.[38] In der Praxis führt dies jedoch „zu Unsicherheit, ja bisweilen zu Ratlosigkeit und Unverständnis bei den Beteiligten.“[39]

[38] Dies begrüßen z. B. Bitz, Risiko-Managementsystem, 2000a, S. 233; Böcking; Orth, Risikomanagement, 2000, S. 245.

[39] Vgl. Pollanz, M.: Konzeptionelle Überlegungen zur Einrichtung und Prüfung eines Risikomanagementsystems – Droht eine Mega-Erwartungslücke, in: DB, 52. Jg. 1999, S. 393.

2. Darstellung der Risiken der künftigen Entwicklung im Lagebericht

a) Anwendungsbereich

Die Pflicht, die Risiken der zukünftigen Entwicklung im Lagebericht darzustellen, trifft diejenigen Gesellschaften, die einen Lagebericht nach § 289 HGB aufstellen müssen.

Diese Verpflichtung betrifft:

- mittelgroße und große Kapitalgesellschaften (§ 264 Abs. 1 HGB i. V. m. § 267 Abs. 2 und 3 HGB),
- nach PublG rechnungslegungspflichtige Unternehmen (§ 5 Abs. 2 PublG),
- Genossenschaften (§ 336 HGB),
- Kreditinstitute (§ 340 a Abs. 1 HGB) und
- Versicherungsunternehmen (§ 341 a Abs. 1 HGB).[40]

Weiterhin sind gemäß § 290 Abs. 1 HGB Mutterunternehmen i. S. d. § 290 HGB im Rahmen der Konzernrechnungslegung auch zur Aufstellung eines Konzernlageberichts verpflichtet. Diese Verpflichtung trifft gemäß § 13 Abs. 1 PublG auch Mutterunternehmen i. S. d. § 11 PublG. Der Inhalt des Konzernlageberichts ist in § 315 HGB geregelt. Er entspricht den Bestimmungen des § 289 HGB mit der Ausnahme, daß über Zweigniederlassungen nicht berichtet werden muß.[41]

---

[40] Vgl. IDW: Rechnungslegungsstandard Aufstellung des Lageberichts (RS HFA 1), 1998, in: WP, Jg. 1998, S. 654.

[41] Vgl. Küting, K.; Hütten, C.: Die Lageberichterstattung über Risiken der künftigen Entwicklung – Annäherung an die geplante Änderung der §§ 289, 315 HGB durch das KonTraG, in: AG, Jg. 1997, S. 251. Vgl. den E-DRS 5: Risikoberichterstattung, DRSC Entwurf Deutscher Rechnungslegungsstandard Nr. 5: Risikoberichterstattung (E-DRS 5), vom 24.11.2000, Ziffer 3 und 5.

b) Inhalt

Der Lagebericht als Ergänzung von Einzel- und Konzernabschluß ist durch das KonTraG aufgewertet worden. Der bisherige Gesetzestext zum Lagebericht im § 289 Abs. 1 HGB bzw. § 315 Abs. 1 HGB wurde um einen zweiten Teilsatz erweitert: „dabei ist auch auf die Risiken der künftigen Entwicklung einzugehen".

Die Ausweitung des Lageberichts um die Darstellung der Risiken der künftigen Entwicklung war nach der Regierungsbegründung erforderlich, da ansonsten kein den tatsächlichen Verhältnissen entsprechendes Bild über die Lage der Gesellschaft gegeben werden kann.[42] Die Risikoberichterstattung folgt dem Gebot der Risikotransparenz[43] und soll dazu beitragen, die Erwartungslücke, d. h. die Differenz zwischen den Erwartungen der Öffentlichkeit und der tatsächlichen inhaltlichen Aussagekraft eines testierten Jahresabschlusses/Lageberichts, zu schließen.[44] Dies wird im Schrifttum z. T. anders bewertet.[45]

Die Berichterstattung über diese Risiken kann entweder – analog zu den bereits bestehenden Bestandteilen des Lageberichts – in einem separaten Risikobericht[46] erfolgen oder als integraler Bestandteil des Wirtschafts – oder Prognoseberichts.[47] Für die erstgenannte Alternative spricht die klare Herausstellung der Risiken, während der Vorteil des integrierten Berichts darin liegt, daß die Gesamtzusammenhänge besser verdeutlicht werden können.

---

42 Vgl. BT-Drucksache 13/9712, S. 26.

43 Hommelhoff, P.; Mattheus, D.: Risikomanagement im Konzern - ein Problemaufriß, in: BFuP, Jg. 2000, S. 218.

44 Vgl. zur Erwartungslücke Hommelhoff; Mattheus, Corporate Governance, 1998, S. 258 f.

45 Vgl. Eisele, Meinungen, 2000, S. 284; Krystek, U.: Meinungen, 2000, S. 285, anderer Ansicht Hommel, Meinungen, 2000, S. 285.

46 Vgl. Küting; Hütten, Lageberichterstattung, 1997, S. 251.

47 Vgl. Dörner, D.; Bischof, S.: Zweifelsfragen zur Berichterstattung über die Risiken der künftigen Entwicklung im Lagebericht, in: WP, 52. Jg. 1999, S. 446.

Auch hier finden sich – ähnlich wie bei der Verpflichtung zur Einrichtung eines Risikomanagementsystems – weder im Gesetz noch in der Gesetzesbegründung bis in Details hineinreichende Gestaltungsempfehlungen darüber, wie diese Risikoberichterstattung erfolgen soll. Das Institut der Wirtschaftsprüfer hat mit der Verabschiedung des IDW Rechnungslegungsstandards zur Aufstellung des Lageberichts (IDW RS HFA 1) eine praktische Hilfe gegeben.

Um eine objektive Risikodarstellung zu ermöglichen, muß zunächst einmal der Begriff des Risikos erläutert werden. Zum Risikobegriff gibt es in der betriebswirtschaftlichen Literatur unterschiedliche Auffassungen.

Das Risiko im Sinne des Gesetzes wird als die Möglichkeit ungünstiger künftiger Entwicklungen verstanden, die mit einer erheblichen, wenn auch nicht notwendigerweise überwiegenden Wahrscheinlichkeit erwartet werden.[48] Es sollen folglich nicht alle theoretisch denkbaren Risiken dargestellt werden, sondern nur solche, die wesentlich sind und eine gewisse Eintrittswahrscheinlichkeit haben.

Bereits nach geltendem Recht soll im Rahmen des Prognoseberichts auf die voraussichtliche Entwicklung der Gesellschaft eingegangen werden. Inhaltlich lassen sich der Prognosebericht und der Risikobericht jedoch nicht in allen Punkten klar voneinander trennen.

Während der Prognosebericht die erwartete künftige Entwicklung der Gesellschaft darzustellen hat, ergänzt der Risikobericht den Prognosebericht, in dem mögliche

---

48 Vgl. IDW, Lagebericht, 1998, S. 657; DRSC Entwurf Deutscher Rechnungslegungsstandard: Risikoberichterstattung von Kredit- und Finanzdienstleistungsinstituten (E-DRS 5-10), hyperlink http://www.drsc.de/ger/standards/e-drs/5-10.html vom 28.3.2000, Tz. 8.

negative Abweichungen von der Einschätzung im Prognosebericht verdeutlicht werden.[49]

Die Risikodarstellung hat unter Berücksichtigung der allgemeinen Grundsätze der Lageberichterstattung, wie Vollständigkeit, Richtigkeit sowie Klarheit und Übersichtlichkeit, zu erfolgen.[50]

Dabei sollte mindestens auf wesentliche Risiken der künftigen Entwicklung eingegangen werden, d. h. auf solche Risiken, die entweder bestandsgefährdend sind oder die einen wesentlichen Einfluß auf die Vermögens-, Finanz- oder Ertragslage der Gesellschaft haben können. Daneben können auch nicht wesentliche Risiken dargestellt werden; diese sind jedoch gemäß dem Grundsatz der Klarheit eindeutig von den berichtspflichtigen, wesentlichen Risiken zu unterscheiden.[51]

Solche wesentlichen Risiken können beispielsweise resultieren aus:
- Änderungen von politischen oder ökonomischen Rahmenbedingungen wie Wechselkurse, Inflationsraten, Steuern und gesetzliche Regelungen,
- Änderungen der Branchenstruktur durch neue Wettbewerber, Fusionen oder neue Technologien,
- Veränderungen der Kundenwünsche in bezug auf die Produkte des Unternehmens und
- nicht vorhersehbare Rechtsstreitigkeiten, Reklamationen oder Klagen.[52]

Der Risikobericht soll nach Bitz verbale und quantitative Aussagen über die Einzelrisiken und das Gesamtrisiko enthalten, die es den Adressaten erlauben, sich

49 Vgl. Baetge, J.; Schulze, D.: Möglichkeiten der Objektivierung der Lageberichterstattung über „Risiken der künftigen Entwicklung", in: DB, Jg. 1998, S. 942.

50 Vgl. zu den Grundsätzen der Lageberichterstattung IDW, Lagebericht, 1998, S. 654 f.

51 Vgl. IDW, Lagebericht, 1998, S. 657; Baetge; Schulze, Lageberichterstattung, 1998, S. 942.

52 Vgl. Baetge; Schulze, Lageberichterstattung, 1998, S. 940.

selbst ein Bild über die Eintrittswahrscheinlichkeit relevanter Abweichungen vom Planwert oder Ist zu machen.[53]

Aus der Verpflichtung zur Risikoberichterstattung resultiert auch das Erfordernis, auf geplante oder bereits eingeleitete Maßnahmen zur Risikobewältigung einzugehen, da andernfalls die Funktionsfähigkeit des eingerichteten Risikomanagementsystems in Frage gestellt werden könnte.[54]

Falls keine wesentlichen Risiken identifiziert werden können, sollte im Lagebericht explizit darauf hingewiesen werden (sog. Fehlbericht).[55] Neben der bloßen Nennung der Risiken erfordert die gesetzliche Verpflichtung auch die Darstellung der Auswirkungen der Risiken auf die Vermögens-, Finanz- und Ertragslage. Dazu sollen neben verbalen Erläuterungen auch quantitative Angaben gemacht werden.[56]

c) Würdigung

Die Neuregelung über die Darstellung der Risiken der künftigen Entwicklung wird ebenso wie die Einführung von Risikofrüherkennungssystemen allgemein befürwortet.[57]

In der Vergangenheit war es oftmals so, daß im Lagebericht zwar ausführlich über die zukünftigen Chancen berichtet wurde, die Risiken (im Sinne von zukünftigen negativen Zielabweichungen) – wenn überhaupt – nur am Rande erwähnt wurden. Insoweit beweist sich die Verpflichtung zur expliziten Risikodarstellung im Lagebericht als sinnvoll.

---

53 Vgl. Bitz, H.: Risikomanagement nach KonTraG, Einrichtung von Frühwarnsystemen zur Effizienzsteigerung und zur Vermeidung persönlicher Haftung, Stuttgart 2000b, S. 7.

54 Vgl. Dörner; Bischof, Berichterstattung, 1999, S. 448.

55 Vgl. Baetge; Schulze, Lageberichterstattung, 1998, S. 942. Hingegen halten Dörner und Bischof eine solche Negativbestätigung für nicht erforderlich, vgl. Dörner; Bischof, Berichterstattung, 1999, S. 450.

56 Vgl. Kütting; Hütten, Lageberichterstattung, 1997, S. 253.

Die Erwartungen an die Risikoberichterstattung dürfen nicht zu hoch angesetzt werden, da eine detaillierte Beschreibung getroffener oder geplanter unternehmenspolitischer Entscheidungen durch die Neuregelung nicht beabsichtigt ist.[58] Wenn, wie in der Praxis anzutreffen, der Lagebericht die Ziele des Unternehmens nicht klar benennt und nach Zeitrahmen und Ausmaß präzisiert, bleibt der Informationswert für den externen Bilanzadressaten mangels operationaler Ziele gering.

Problematisch ist in diesem Zusammenhang auch die Tatsache, daß durch die Risikodarstellung insbesondere in Krisenzeiten die Möglichkeit einer self-fullfilling-prophecy besteht.[59] Jedoch ist zu beachten, daß im Zweifelsfalle das Informationsinteresse der Lageberichtsadressaten Vorrang vor dem Schutzinteresse des Unternehmens genießt.[60]

Die allgemeingültige Tatsache, daß die Zukunft immer mit Risiken verbunden ist, wirkt sich auch auf die Risikodarstellung aus. Hinzu kommt, daß die Beurteilung und Prognose der Auswirkungen von Risiken selbst mit Risiken belastet sind. Aus diesem Grund beschränkt sich der Risikobericht auf die zum Zeitpunkt der Berichterstattung erkennbaren Risiken. Eine vollständige, exakt quantifizierte Risikoberichterstattung läßt sich deshalb nur in wenigen Fällen realisieren.

57 Vgl. Hommelhoff; Mattheus, Corporate Governance, 1998, S. 258.

58 Vgl. Moxter, A.: Die Vorschriften zur Rechnungslegung und Abschlußprüfung im Referentenentwurf eines Gesetzes zur Kontrolle und Transparenz im Unternehmensbereich, in: BB, 52. Jg. 1997, S. 723.

59 Vgl. Küting; Hütten, Lageberichterstattung, 1997, S. 255.

60 Vgl. Küting; Hütten, Lageberichterstattung, 1997, S. 255.

3. Erweiterung der Abschlußprüfung

a) Anwendungsbereich

Die Neuregelungen zur Abschlußprüfung betreffen alle Unternehmen, die zur Jahresabschlußprüfung verpflichtet sind. Dies sind gemäß § 316 Abs. 1 HGB Kapitalgesellschaften, die nicht kleine Kapitalgesellschaften i. S. d. § 267 Abs. 1 HGB sind.

Eine Ausnahme betrifft § 317 Abs. 4 HGB, der nur auf Aktiengesellschaften anzuwenden ist, die Aktien mit amtlicher Notierung an einer Wertpapierbörse ausgegeben haben. Danach ist der Abschlußprüfer bei solchen Aktiengesellschaften, die Aktien mit amtlicher Notierung ausgegeben haben, verpflichtet, im Rahmen der Abschlußprüfung zu beurteilen, ob der Vorstand die nach § 91 Abs. 2 AktG erforderlichen Maßnahmen in einer geeigneten Form getroffen hat und ob das danach einzurichtende Überwachungssystem seine Aufgaben erfüllen kann.

Auf andere börsennotierte Aktiengesellschaften, die ihre Aktien im Geregelten Markt oder dem Neuen Markt plaziert haben, findet die Vorschrift des § 317 Abs. 4 HGB keine Anwendung.[61] Ebenso unterliegen sonstige, nicht börsennotierte AGs oder GmbHs nicht dieser Prüfungspflicht.[62] Bei diesen Gesellschaften, für die keine Pflichtprüfung existiert, kann jedoch aufgrund vertraglicher Vereinbarungen das Risikomanagement Gegenstand der Abschlußprüfung sein.[63] Aus der Befreiung von der Prüfungspflicht resultiert aber keine Befreiung von der Pflicht, ein Risikomanagementsystem nach § 91 Abs. 2 AktG einzurichten.

---

61 So auch Böcking; Orth, Risikomanagement, 2000, S. 247.

62 Vgl. Kuhl, K.; Nickel, J.-P.: Risikomanagement im Unternehmen – Stellt das KonTraG neue Anforderungen an die Unternehmen?, in: DB, Jg. 1999, S. 133.

63 Vgl. Scharpf, Risikomanagement- und Überwachungssystem, 1997, S. 738.

Exkurs: Kritik an der Beschränkung der Prüfungspflicht auf Aktiengesellschaften mit amtlicher Notierung

Der Neue Markt ist ein privatrechtliches Handelssegment an der Frankfurter Wertpapierbörse, das am 10. März 1997 gegründet wurde. Die Zulassung zum Neuen Markt durch die Deutsche Börse AG setzt die Zulassung zum Geregelten Markt voraus, wobei der Antrag auf Zulassung zusammengefaßt werden kann. Über die Zulassungsbedingungen des Geregelten Marktes hinaus gibt es eigene Zulassungsvoraussetzungen, die im „Regelwerk Neuer Markt" kodifiziert sind.[64]

Der Neue Markt stellt auf junge, innovative und schnell wachsende Unternehmen als Emittenten ab. Sie sind zur Finanzierung ihres Wachstums, vor allem dann, wenn sie aufgrund ihrer Stellung im frühen Unternehmenslebenszyklus noch keine Gewinne erwirtschaften, auf Risiko- und Chancenkapital angewiesen. Die gebräuchlichen Kreditwürdigkeitsanforderungen werden von einem großen Teil der jungen Unternehmen aufgrund ihres Alters, des Reifegrades der Produkte und der unsicheren wirtschaftlichen Situation nicht oder zumindest nur unter Mühen erfüllt, so daß sie in der seed- oder start-up-Phase des Lebenszyklus quasi naturgemäß auf Eigenkapitalzuwachs angewiesen sind.

Die mit dem Börsengang verbundene Kapitalerhöhung verbessert darüber hinaus die Spielräume bei der Kreditfinanzierung. Zum Teil werden jedoch auch Unternehmen zum Börsengang zugelassen, die noch nicht einmal ein Jahr alt sind und kaum Umsätze, ganz abgesehen von Gewinnen, aufweisen können. Ob gerade junge, technologieintensive Unternehmen jemals Gewinne erzielen können, ist nicht nur im Einzelfall fraglich. Die in solche Unternehmen investierten Finanz-

[64] Vgl. Deutsche Börse AG: Regelwerk Neuer Markt, Frankfurt am Main 1998; Martin, 1998, S. 221 ff.

mittel setzen vorrangig auf die Erwartung, daß die Produkte oder Dienstleistungen sich in der Zukunft eine starke Marktstellung erarbeiten, die die Ausgangsbasis für spätere Gewinne ist.

Im Ergebnis bildet der Neue Markt eine Zusammenfassung von innovativen, meistens technologieintensiven Unternehmen, die besonders risikobehaftete Geschäfte betreiben. Risikobehaftete Geschäfte gehören zu den mit einem geeigneten Aufklärungssystem frühzeitig aufzuspürenden bestandsgefährdenden Entwicklungen im Sinne des § 91Abs. 2 AktG. Daraus ergibt sich, daß § 317 Abs. 4 AktG sachlich auf den Neuen Markt ausgedehnt werden kann.

Auch Unternehmen, die in ausgereiften Märkten mit „Low-Tech" tätig sind, haben die Möglichkeit, zum Neuen Markt zugelassen zu werden. Dies setzt jedoch voraus, daß sie besonders innovativ sind. Die Innovation kann in Produkt-, Prozeß- oder Serviceneuheiten bestehen. Darunter ist aber auch die Erschließung neuer Märkte zu verstehen. In der Praxis dominieren am Neuen Markt jedoch Unternehmen aus den Wirtschaftszweigen Software und Hardware, Internet, Telekommunikation, Biotechnologie und Medien.

Die Zulassungsvoraussetzungen und Folgepflichten des Neuen Marktes werden dem spezifischen Risikoprofil durch zahlreiche, weitreichende und Transparenz fördernde Regelungen gerecht. Damit verfügen die Investoren über umfangreiche und zeitnahe Informationen, die ihnen helfen sollen, das im Vergleich mit den etablierten Börsensegmenten höhere Risiko teilweise zu kompensieren.[65] Zu den im Regelwerk Neuer Markt kodifizierten Zulassungsvoraussetzungen des Neuen Marktes gehören u.a.:

- Emissionsprospekt nach internationalen Standards,

---

[65] Vgl. Ruda, W.; Martin, Th. A.: Der Börsengang innovativer Start-Up-Unternehmen am Neuen Markt – Chancen neugegründeter Wachstumsunternehmen, in: Zeitschrift für Klein- und Mittelunternehmen, Jg. 2000, H. 3, S. 172ff.

- Emissionswert mindestens 5 Mio. Euro,
- Eigenkapital in Höhe von mindestens 1,5 Mio. Euro,
- Streubesitz möglichst 25 % (mindestens 20 %),
- Mindestalter 1 Jahr, Soll 3 Jahre,
- Haltepflicht der Altaktionäre mindestens 6 Monate,
- Akzeptanz des Übernahmekodex,
- Publikationen in Deutsch und Englisch,
- Erstausgabe: ausschließlich Stammaktien,
- Verpflichtung von zwei Designated Sponsors für den Handel und
- Emission zu möglichst über 50 % aus Kapitalerhöhung.[66]

Die nach dem Börsengang zu beachtenden Folgepflichten regeln die Rechnungslegung, die Berichterstattung und weitere Publizitätsstandards und umfassen u. a. diese Hauptpunkte:

- 3 Quartalsberichte, spätestens 2 Monate nach Ende des Geschäftsquartals,
- Jahresabschluß spätestens 3 Monate nach Ende des Geschäftsjahres,
- Rechnungslegung nach internationalen Standards auf Basis von IAS, US-GAAP oder GOB mit Überleitungsrechnung,
- Offenlegung des Anteilsbesitzes von Aufsichtsrat und Vorstand,
- mindestens eine Analystenveranstaltung pro Jahr und
- Veröffentlichung eines Berichtskalenders.[67]

Angesichts der durch den Neuen Markt angesprochenen Unternehmensgruppe und den in der Vergangenheit gemachten Erfahrungen mit den höchst unterschiedlichen Unternehmensentwicklungen nach dem Börsengang liegt es nahe, der Frage nachzugehen, ob dieses Handelssegment in die Verpflichtung nach § 317 Abs. 4 HGB einzubeziehen ist. Die besondere Risikostruktur der Neuen-Markt-Unternehmen bietet eine sachliche Rechtfertigung, in diesem Punkt den Neuen Markt dem amtlichen Handel gleichzustellen. Auch wenn der § 317 Abs. 4 AktG

66 Vgl. Regelwerk Neuer Markt, Abschn. 2.
67 Vgl. Regelwerk Neuer Markt, Abschn. 7.

nicht auf den Neuen Markt anzuwenden ist, steht es den Venture-Capital-Gesellschaften, den Geschäftsbanken des Emissionskonsortiums und der Gesellschaft schon heute frei, eine Ausweitung der Prüfung auf das Risikomanagementsystem zu veranlassen. Eine De-facto-Pflicht kann auch aus einer ggf. entstehenden gängigen Praxis bei den Finanzierungsrunden im Vorfeld des Börsengangs erwachsen, wenn die Finanzgeber die Weiterfinanzierung u. a. vom Aufbau und der Prüfung eines Risikomanagementsystems abhängig machen.

Eine andere Alternative besteht darin, das privatwirtschaftliche Regelwerk Neuer Markt seitens der Deutschen Börse AG entsprechend zu ändern und in die Zulassungsvoraussetzungen und Folgepflichten eine Prüfung des Risikomanagementsystems aufzunehmen. Die Zulassungsbedingungen und Folgepflichten sind im Neuen Markt weitreichender formuliert als im Amtlichen Handel oder dem Geregelten Markt. Dies legt es bereits nahe, zwischen dem Amtlichen Handel und dem Neuen Markt bezogen auf das Risikomanagement nicht zu unterscheiden. Hinzu tritt der typische Risikocharakter der Unternehmenstätigkeit im Neuen Markt, der im Amtlichen Handel so nicht existiert. Davon unabhängig ist der Gesetzgeber aufgerufen, die Gleichbehandlung auch im AktG zu vollziehen, da das KonTraG ohnehin zwischen einzelnen Börsensegmenten trennt.

Im Unterschied zum Neuen Markt stellen der Geregelte Markt und das auf dem Geregelten Markt aufsetzende privatwirtschaftliche Handelssegment SMAX keine Börsensegmente dar, die auf Unternehmen mit besonders risikobehafteten Geschäften abzielen. Es besteht deshalb u. E. keine zwingende Notwendigkeit, die Prüfungspflicht des Risikomanagementsystems auch auf diese Börsensegmente auszudehnen.[68] Mittelbar kann allerdings auch für nicht amtlich notierte Aktienge-

[68] Böcking; Orth raten allerdings zu einer gesetzlichen Ausweitung auf alle börsennotierte Unternehmen. Vgl. Böcking; Orth, Risikomanagement, 2000, S. 247 und 258.

sellschaften eine Berichterstattungspflicht über das Risikofrüherkennungssystem im Prüfungsbericht entstehen, die aus einer mittelbaren Prüfungspflicht resultiert.[69]

b) Inhalt

Einen wesentlichen Bestandteil des KonTraG bildet die Erweiterung und qualitative Verbesserung der gesetzlichen Jahresabschlußprüfung. So soll die Abschlußprüfung künftig stärker risikoorientiert durchgeführt werden.[70]

Die Änderungen der Regelungen zur Abschlußprüfung betreffen u. a. den Gegenstand und Umfang der Prüfung (§ 317 HGB), den Prüfungsbericht (§ 321 HGB) sowie den Bestätigungsvermerk (§ 322 HGB).

Darüber hinaus umfaßt die Reform der Abschlußprüfung die Auftragserteilung durch den Aufsichtsrat (§ 318 Abs. 1 S. 4 HGB/ § 111 Abs. 2 S. 3 AktG), die Vorlage des Prüfungsberichts direkt an den Aufsichtsrat (§ 321 Abs. 5 S. 2 HGB) sowie die Teilnahme des Abschlußprüfers an der Bilanzsitzung des Gesamtaufsichtsrats oder eines seiner Ausschüsse und seine mündliche Berichterstattung dort (§ 171 Abs. 1. S. 2 AktG).[71] Durch die Neugestaltung des § 317 HGB soll – in Anlehnung an internationale Grundsätze – eine stärkere Problemorientierung der Prüfung erreicht werden.[72]

Gemäß § 317 Abs. 1 S. 3 HGB ist die Prüfung so anzulegen, daß Unrichtigkeiten und Verstöße gegen gesetzliche Vorschriften und sie ergänzende Bestimmungen des Gesellschaftervertrages oder der Satzung, die sich auf die Darstellung der Vermögens-, Finanz- und Ertragslage des Unternehmens nach § 264 Abs. 2 HGB wesentlich auswirken, bei gewissenhafter Berufsausübung erkannt werden.

---

69 Vgl. Böcking; Orth, Risikomanagement, 2000, S. 255.
70 Vgl. BT-Drucksache 13/9712, S. 11
71 Vgl. Hommelhoff; Mattheus, Corporate Governance, 1998, S. 256.
72 Vgl. BT-Drucksache 13/9712, S. 26.

Der § 317 Abs. 2 HGB zum Gegenstand und Umfang der Prüfung erhielt durch das KonTraG einen neuen Satz 3: „Dabei ist auch zu prüfen, ob die Risiken der künftigen Entwicklung zutreffend dargestellt sind".

In bezug auf das Risikomanagement besteht die Neuregelung darin, daß der Abschlußprüfer nun zu prüfen hat, ob die Risiken der künftigen Entwicklung im Lagebericht tatsächlich zutreffend dargestellt sind. Dazu sind die Kriterien Vollständigkeit, Klarheit und Richtigkeit heranzuziehen.[73]

Diese erweiterte Prüfungspflicht verlangt dem Abschlußprüfer aber keine von der Prognose des Lageberichts getrennte, eigenständige Prognose der Risikosituation ab. Seine Aufgabe ist es vielmehr, zu den vorliegenden Prüfungsunterlagen Stellung zu nehmen, d.h. er hat die zugrunde gelegten Prämissen der Unternehmensleitung im Wege einer Systemprüfung auf Plausibilität hin zu überprüfen.[74] Der Abschlußprüfer muß und darf nicht seine eigene Prognose an die Stelle der Prognose der Gesellschaft setzen. Es empfiehlt sich, die Feststellungen in einen eigenen Abschnitt des Prüfungsberichtes aufzunehmen.[75] Es ist nicht erforderlich und auch nicht zweckmäßig, einzelne Verbesserungsvorschläge in den Prüfungsbericht einzubeziehen.[76]

Bezogen auf die Einrichtung des Risikomanagementsystems stellt § 317 Abs. 4 die zentrale Neuregelung dar: „Bei einer Aktiengesellschaft, die Aktien mit amtlicher Notierung ausgegeben hat, ist außerdem im Rahmen der Prüfung zu beurteilen, ob der Vorstand die ihm nach § 91 Abs. 2 des Aktiengesetzes obliegenden Maßnahmen in einer geeigneten Form getroffen hat und ob das danach einzurichtende

---

73 Vgl. Böcking; Orth, Risikomanagement, 2000, S. 247.

74 Vgl. Dörner, D.: Ändert das KonTraG die Anforderungen an den Abschlußprüfer, in: DB, Jg. 1998, S. 2; Emmerich, 1999, S. 1079; Bitz, Risiko-Managementsystem, 2000a, S. 234; Böcking; Orth, Risikomanagement, 2000, S. 247.

75 Vgl. Böcking; Orth, Risikomanagement, 2000, S. 252 - 253.

76 Vgl. Böcking; Orth, Risikomanagement, 2000, S. 253.

Überwachungssystem seine Aufgaben erfüllen kann." Nach § 36 BörsG fällt lediglich der Amtliche Handel unter das Kriterium der amtlichen Notierung.[77]

Demnach hat der Abschlußprüfer also das im Unternehmen implementierte und betriebene Risikomanagementsystem auf seine Funktionsfähigkeit hin zu beurteilen. Dabei beschränkt sich die Prüfung auf die Maßnahmen zur eigentlichen Früherkennung von Risiken, d. h. die Risikofrüherkennung, nicht jedoch auf Maßnahmen zu deren Bewältigung.[78]

Es handelt sich somit nicht um eine materielle Geschäftsführungsprüfung, sondern vielmehr um eine stichtagsbezogene[79], klassische Systemprüfung und Funktionsprüfung.[80] Die Systemprüfung umfaßt folgende Schritte:

(1) Feststellung des von der Gesellschaft beabsichtigten/installierten Risikomanagementsystems,

(2) Beurteilung der Eignung des beabsichtigten Risikomanagementsystems und

(3) Prüfung der Einhaltung des Risikomanagementsystems.[81]

Im ersten Schritt geht es darum festzustellen, ob das Risikomanagementsystem ausreichend dokumentiert ist (z.B. in Form eines Risikomanagement-Handbuchs). Ein nur durch Befragung festzustellendes, d. h. nicht schriftlich dokumentiertes Risikomanagementsystem erfüllt die Anforderungen des § 91 Abs. 2 AktG nicht.[82]

---

77 Vgl. Böcking; Orth, Risikomanagement, 2000, S. 247.

78 Vgl. IDW PS 340, Ziffer 4.3.2.

79 Vgl. Lehner; Schmidt, Risikomanagement, 2000, S. 268.

80 Vgl. Jacob, H.-J.: KonTraG und KapAEG – die neuen Entwürfe des Hauptfachausschusses zum Risikofrüherkennungssystem, zum Bestätigungsvermerk und zum Prüfungsbericht, in: WP, Jg. 1998, S. 1047; Böcking; Orth, Risikomanagement, 2000, S. 249.

81 Vgl. Brebeck; Herrmann, Frühwarnsystem, 1997, S. 389; Giese, R.: Die Prüfung des Risikomanagements einer Unternehmung durch den Abschlußprüfer gemäß KonTraG, in WP, Jg. 1998, S. 453; Jacob, Risikofrüherkennungssystem, 1998, S. 1047; am Beispiel der Henkel KGaA Lehner; Schmidt, Risikomanagement, 2000, S. 270; Bitz, Risikomanagement, 2000b, S. 8.

82 Vgl. Giese, Prüfung, 1998, S. 453.

Der Abschlußprüfer beurteilt bei dem zweiten Schritt, ob die getroffenen Maßnahmen die gesetzlichen Anforderungen erfüllen, das heißt, ob sämtliche relevanten Risiken vollständig und so rechtzeitig erfaßt und kommuniziert werden, daß die Unternehmensleitung in geeigneter Weise Gegenmaßnahmen ergreifen kann. Ebenso muß beurteilt werden, ob organisatorische Maßnahmen, d. h. Zuordnung von Verantwortlichkeiten ausreichend festgelegt wurden und ob das eingerichtete Überwachungssystem die Funktionsfähigkeit des gesamten Risikofrüherkennungssystems gewährleisten kann.[83] Dies setzt bei den Abschlußprüfern Kenntnisse über Anwendung, Aussagekraft und Verläßlichkeit der eingesetzten Instrumente voraus.[84]

Der dritte Schritt enthält die Prüfung der getroffenen Maßnahmen der Früherkennung auf deren Wirksamkeit und kontinuierliche Anwendung im abgelaufenen Geschäftsjahr hin nach den allgemeinen Grundsätzen der Systemprüfung in Stichproben. Hierzu hat der Abschlußprüfer folgende Möglichkeiten:

- Durchsicht von Unterlagen zur Risikoerfassung und –kommunikation,
- Befragungen und Beobachtungen zur Einhaltung der eingerichteten Kontrollmaßnahmen und
- Durchsicht von Prüfungsprogrammen und Arbeitspapieren der Internen Revision.[85]

Die Berichterstattung über die nach § 317 Abs. 4 HGB durchgeführte Prüfung erfolgt nach § 321 Abs. 4 HGB in einem gesonderten Teil des Prüfungsberichts. Etwaige Mängel im Risikofrüherkennungssystem haben – soweit sie kein Prü-

83 Vgl. Jacob, Risikofrüherkennungssystem, 1998, S. 1047.
84 Vgl. Eisele, Meinungen, 2000, S. 281.
85 Vgl. Jacob, Risikofrüherkennungssystem, 1998, S. 1047.

fungshemmnis darstellen oder gleichzeitig als Mangel der Buchführung zu qualifizieren sind – keine Auswirkungen auf den Bestätigungsvermerk.[86]

Der Prüfungsbericht nach § 321 HGB wurde durch das KonTraG ebenfalls reformiert. Gemäß § 321 Abs. 1 S. 1 HGB hat der Abschlußprüfer über Art und Umfang sowie über das Ergebnis der Prüfung schriftlich und mit der gebotenen Klarheit zu berichten. Der Abschlußprüfer hat in einem Eingangsteil zum Prüfungsbericht zur Lage des Unternehmens (Konzerns), insbesondere zum Fortbestand und zur künftigen Entwicklung unter Berücksichtigung des (Konzern-)Lageberichts, Stellung zu nehmen, soweit die geprüften Unterlagen und der (Konzern-)Lagebericht eine solche Beurteilung erlauben.

Neu ist die Berichterstattung in einem besonderen Teil des Prüfungsberichts über das Ergebnis der Prüfung des Risikomanagementsystems, soweit eine solche Prüfung nach § 317 Abs. 4 HGB stattgefunden hat (§ 321 Abs. 4 S. 1 HGB). Außerdem ist darauf einzugehen, ob Maßnahmen erforderlich sind, um das interne sog. Überwachungssystem zu verbessern (§ 321 Abs. 4 S. 2 HGB).

c) Würdigung

Durch die oben erläuterten Neuregelungen wird die Abschlußprüfung in quantitativer und qualitativer Hinsicht ausgeweitet.[87] Die Regelungen zur Abschlußprüfung sind im Vergleich zu den anderen Neuerungen durch das KonTraG (Einrichtung eines Risikomanagements, Risikodarstellung im Lagebericht) nicht ganz so einhellig aufgenommen worden.[88]

Zum derzeitigen Zeitpunkt bleibt offen, ob durch die Prüfung der Risikoberichterstattung im Lagebericht die Lücke zwischen den Erwartungen an und der tatsäch-

[86] Vgl. Jacob, Risikofrüherkennungssystem, 1998, S. 1047; vgl. kritisch dazu Böcking; Orth, Risikomanagement, 2000, S. 254f.

[87] Vgl. Dörner, KonTraG, 1998, S. 2.

lich testierten Wirksamkeit eines Risikomanagementsystems geschlossen werden kann. Da der Wirtschaftsprüfer „nur" eine Plausibilitätsprüfung vornimmt, darf von seiner Prüfung nicht abgeleitet werden, daß das Unternehmen risikofrei ist. Aufgrund der prinzipiellen Unsicherheit der Zukunft sind der Risikodarstellung Grenzen gesetzt. Dies bedeutet jedoch für die zu prüfenden Unternehmen nicht, daß die Anforderungen an die Qualität des Risikoberichts herabgesetzt werden dürfen.

Ebenso sollte an die Prüfung des Risikomanagementsystems keine übertriebenen Erwartungen gesetzt werden. Positiv ist, daß die Maßnahmen zur Risikofrüherkennung geprüft werden. Es muß in bezug auf die Erwartungslücke jedoch deutlich herausgestellt werden, daß damit die vorhandenen Risiken noch nicht bewältigt sind. Dies ist Aufgabe der Unternehmensleitung. Insofern können auch zukünftig Risiken zu einer Bedrohung für das Unternehmen werden, so z. B., wenn erkannte Risiken unterschätzt oder zur Risikobewältigung unzweckmäßige Entscheidungen getroffen werden. Weiterhin ist kritisch anzumerken, daß sich die Prüfung des Risikomanagementsystems nur auf AGs mit amtlicher Notierung erstreckt.

Auch künftig werden trotz eines uneingeschränkten Bestätigungsvermerks krisenhafte Entwicklungen nicht ausgeschlossen sein. Daher sollte in der Öffentlichkeit auch nicht der Eindruck erweckt werden, daß durch die Ausweitung der Abschlußprüfung Unternehmenskrisen künftig verhindert werden können. Ansonsten besteht die Gefahr, daß die Erwartungslücke sogar noch vergrößert würde.[89] Es bleibt offen, ob die durch das KonTraG eingeführten Neuregelungen alle oder zumindest einige spektakuläre Unternehmenszusammenbrüche oder Krisen der Vergangenheit wirksam verhindert hätten. Dies gilt gleichermaßen für die

88 Vgl. Förschle; Glaum; Mandler, Umfrage, 1998, S. 893.

89 Vgl. dazu Dörner, KonTraG, 1998, S. 8 sowie Moxter, Referentenentwurf, 1997, S. 30.

Frage, ob diese Neuregelungen den Adressaten des Jahresabschlusses und des Lageberichts rechtzeitige Handlungsspielräume verschafft hätten.

Die folgenden beiden Abbildungen[90] veranschaulichen Inhalte und Anwendungsbereiche der zuvor erläuterten Neuregelungen des KonTraG.

Norm	Bisherige Regelung	Neuregelung
§ 91 Abs. 2 AktG	keine	„Der Vorstand hat geeignete Maßnahmen zu treffen, insbesondere ein Überwachungssystem einzurichten, damit den Fortbestand der Gesellschaft gefährdende Entwicklungen früh erkannt werden.“
§ 289 Abs. 1 § 315 Abs. 1 HGB	Im (Konzern-)Lagebericht sind zumindest der Geschäftsverlauf und die Lage der Kapitalgesellschaft so darzustellen, daß ein den tatsächlichen Verhältnissen entsprechendes Bild vermittelt wird	Zusätzlicher Teilsatz: „dabei ist auch auf die Risiken der künftigen Entwicklung einzugehen“.
§ 317 Abs. 1 HGB	Prüfung des (Konzern-) Lageberichts auf Einklang mit (Konzern-)Abschluß; Prüfung der sonstigen Angaben darauf, ob nicht eine falsche Vorstellung von der Lage des Unternehmens bzw. Konzerns vermittelt wird	Neuer Abs. 2: Prüfung des (Konzern-)Lageberichts auf Einklang mit (Konzern-)Abschluß sowie mit bei der Prüfung gewonnenen Erkenntnissen; Prüfung, ob insgesamt eine zutreffende Vorstellung von der Lage des Unternehmens bzw. Konzerns vermittelt wird und ob Risiken der künftigen Entwicklung zutreffend dargestellt sind
§ 317 Abs. 4 HGB	-	Bei einer AG mit amtlicher Notierung ist zusätzlich zu prüfen, ob der Vorstand die ihm nach § 91 Abs. 2 AktG obliegenden Maßnahmen in geeigneter Form getroffen hat und ob das interne Überwachungssystem seine Aufgabe erfüllen kann
§ 321 HGB	-	Abs. 1: Beurteilung der Lage, insbesondere des Fortbestandes und der künftigen Entwicklung aus Sicht des Prüfers; Abs. 4: Falls eine Beurteilung nach § 317 Abs. 4 abgegeben wurde, ist das Ergebnis in einem gesonderten Teil

[90] Vgl. verschiedene o.V.-Quellen des WWW.

		darzustellen. Es ist darauf einzugehen, ob Maßnahmen zur Verbesserung des internen Überwachungssystems erforderlich sind
§ 322 HGB	-	Abs. 2. S. 2: Auf Risiken, die den Fortbestand des Unternehmens gefährden, ist gesondert einzugehen; Abs. 3 S. 2: Es ist auch darauf einzugehen, ob die Risiken der künftigen Entwicklung zutreffend dargestellt sind.

Abb. 5: Wesentliche Neuregelungen des KonTraG mit Bezug zum Risikomanagement

Norm	Aktiengesellschaft	Sonstige Kapitalgesellschaften	Nicht-Kapitalgesellschaften
Einrichtung eines Risikomanagementsystems § 91 Abs. 2 AktG	alle Aktiengesellschaften	Nur solche Gesellschaften, die in Größe, Komplexität, ihrer Struktur usw. mit einer AG vergleichbar sind	keine direkte Anwendung
Aufstellung eines Lageberichts mit Risikoberichterstattung § 289 Abs. 1/ § 315 Abs. 1 HGB Prüfung der Risikoberichterstattung im Lagebericht § 317 Abs. 2 S. 3	- Mittelgroße und große Kapitalgesellschaften (§ 264 Abs. 1 HGB i.V.m. § 267 Abs. 2 und 3 HGB) - Konzernunternehmen i.S.d. § 290 HGB - Nach § 1 Abs. 1 PublG zur Rechnungslegung verpflichtete Unternehmen - Nach § 13 Abs. 1 PublG zur Rechnungslegung verpflichtete Konzernunternehmen		Nur bei Mutterunternehmen i.S.d. § 11 PublG , die gemäß § 13 Abs. 1 PublG zur Konzernrechnungslegung verpflichtet sind
Prüfung des Risikomanagementsystems § 317 Abs. 4	Nur bei Aktiengesellschaften mit amtlicher Notierung		keine Anwendung

Abb. 6: Anwendungsbereich von wesentlichen Neuregelungen des KonTraG

D. Systemelemente des Risikomanagements im Verständnis des KonTraG

I. Der Risikobegriff

Bereits das vorangegangene Kapitel hat den Risikobegriff bei den Ausführungen zur Risikodarstellung im Lagebericht angesprochen. Hier soll der Terminus Risiko im Zusammenhang mit dem Risikomanagement erläutert werden. Dies ist erforderlich, da das Risikoverständnis die Grundlage für das darauf aufbauende Risikomanagement ausmacht.

Der Terminus „Risiko“ leitet sich sprachlich betrachtet vom frühitalienischen „risicare“ ab, das „wagen“ im Sinne eines Abwägens oder einer Wahlentscheidung bedeutet.[1] Der Risikobegriff wird im ökonomischen Schrifttum in eine wertende, wirkungsbezogene und in eine informatorische, ursachenbezogene Komponente unterteilt.[2]

Bei der zuerst genannten Komponente wird das Risiko als die Möglichkeit des Mißlingens von Plänen, die Gefahr einer Fehlentscheidung, die Schadens- und Verlustgefahr sowie die Möglichkeit einer (negativen) Zielabweichung angesehen.[3] Die informatorische, ursachenbezogene Komponente bezeichnet das Risiko als eine spezielle Entscheidungssituation mit meßbarer Unsicherheit, d. h. bezüglich des Ereigniseintritts liegen bekannte Wahrscheinlichkeitsverteilungen vor.

Ein Risiko definiert sich nach Wolf/Runzheimer über folgende Merkmale:

- Risiken gehen mit Entscheidungen einher,
- Risiken stellen i. w. S. eine Gefahr dar,

---

1 Vgl. Bitz, Risikomanagement, 2000b, S. 13.

2 Vgl. Braun, Risikomanagement, 1984, S. 28 mit weiteren Nachweisen.

3 Vgl. Baetge; Jerschensky, Frühwarnsysteme, 1999, S. 171; KPMG, Risikomanagement, 1998, S. 5; Bitz, Risiko-Managementsystem, 2000a, S. 235; Wolf, K.; Runzheimer, B.: Risikomanagement und KonTraG - Konzeption und Implementierung, 2. Auflage, Wiesbaden 2000. S. 22 - 24.

- Fehlentscheidungen sind auf einen bestimmten Referenzwert zu beziehen und
- Risiken entstehen aus der Unsicherheit bezüglich der Entscheidungsprämissen.[4]

Weiterhin wird vielfach nach inhaltlichen Gesichtspunkten zwischen reinen und spekulativen Risiken unterschieden[5], wobei diese Unterteilung eng mit den darauf aufbauenden Risikomanagement-Konzeptionen verbunden ist. Reine Risiken enthalten nur Verlustmöglichkeiten. Insbesondere sind damit unerwartete, plötzlich auftretende Schäden gemeint (z. B. Brandschaden, Forderungsausfall). Die reinen Risiken werden in der Regel auch mit den sogenannten versicherbaren Risiken gleichgesetzt, weil Versicherungen sie zum großen Teil abdecken können.[6]

Im Unterschied zu den reinen Risiken beziehen sich die spekulativen Risiken auf sämtliche unternehmerische Aktivitäten und umfassen sowohl Verlustmöglichkeiten (Risiken i. e. S.) als auch Gewinnmöglichkeiten (= Risiken i. w. S.) (vgl. Abb. 7). So ist z. B. das Risiko bei der Markteinführung eines neuen Produktes ein spekulatives Risiko, während das Risiko eines Brandschadens ein reines (versicherbares) Risiko darstellt. Die Abgrenzung zwischen spekulativen und reinen Risiken wird jedoch vielfach kritisiert, u. a. deshalb, weil eine eindeutige Differenzierung oftmals nicht möglich ist.[7]

---

4 Vgl. Wolf, Runzheimer, Risikomanagement, 2000, S. 23.

5 Vgl. Karten, W.: Risk Management, in: Wittmann, W. et al. (Hrsg.), HWB, 5. Auflage, Stuttgart 1993, Sp. 3829; Kless, T.: Beherrschung der Unternehmensrisiken: Aufgaben und Prozesse eines Risikomanagements, in: DStR, Jg. 1998, S. 93; Lück, W.: Risikomanagementsystem, 1998b, S. 1925; Kromschröder; Lück, Unternehmensüberwachung, 1998, S. 1573.

6 Vgl. Braun, Risikomanagement, 1984, S. 29.

7 Vgl. Braun, Risikomanagement, 1984, S. 30.

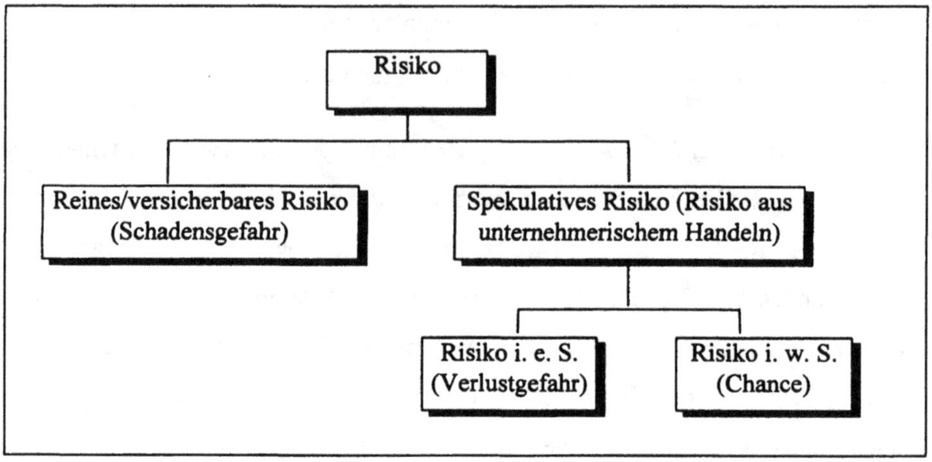

Abb. 7: Systematisierung des Risikobegriffs
(Quelle: Kless, Risikomanagement, 1998, S. 93.)

Welches Risikoverständnis das KonTraG zugrunde legt, nennt das Gesetz oder die Gesetzesbegründung nicht explizit. Es ist jedoch sowohl vom Wortlaut als auch vom Sinnzusammenhang her davon auszugehen, daß das KonTraG eindeutig auf den engeren Risikobegriff abzielt. Das Risiko im Sinne des KonTraG ist folglich als die im Rahmen der Geschäftstätigkeit mögliche Verlustgefahr zu verstehen.[8] Dabei zielt das Risikomanagement gemäß KonTraG nur auf solche Risiken, die entweder bestandsgefährdend sind oder einen wesentlichen (negativen) Einfluß auf die Vermögens-, Finanz- oder Ertragslage des Unternehmens haben.[9] Nur Zielabweichungen außerhalb eines betriebsindividuell festgelegten Toleranzintervalls sind Risiken, die zu Bestandsgefährdung führen können.[10]

[8] Vgl. Kromschröder, B.; Lück, W.: Grundsätze risikoorientierter Unternehmensüberwachung, in: DB, 51. Jg. 1998, S. 1573; Böcking; Orth, Risikomanagement, 2000, S. 250; Bitz, Risikomanagement, 2000b, S. 15; DRSC, E-DRS 5, 2000, Zi. 9.

[9] Der E-DRS 5-10 verweist hingegen auf die Beeinflussung oder Veränderung von Beurteilungen und Entscheidungen Dritter. Vgl. E-DRS, Risikoberichterstattung, 2000, Tz. 8.

[10] Vgl. IIR-Arbeitskreis, RMS, 1999, S. 189.

Die Bestandsgefährdung äußert sich in Zahlungsunfähigkeit oder Überschuldung.[11] Die wertmäßige Grenze, ab der die Bestandsgefährdung beginnt, ist in Abhängigkeit von den jeweils gegebenen betrieblichen Einflußfaktoren zu definieren.[12] Bei Konzernen im Sinne von § 290 HGB reicht eine Konzerngesamtbetrachtung dazu nicht aus. Zusätzlich erfolgt für jedes rechtlich selbständige Tochterunternehmen eine separate Definition der Grenzen der Bestandsgefährdung.

II. Arten von Risiken

Die Risikoarten können nach vielfältigen Kriterien systematisiert werden, wobei die individuellen Unternehmensrisiken besonders auch von der Art der Geschäftstätigkeit abhängen.[13] Hornung, Reichmann und Diedrichs unterscheiden z. B. innerhalb des allgemeinen Risikoprofils in:

- externe Risiken,
- leistungswirtschaftliche Risiken,
- finanzwirtschaftliche Risiken und
- Risiken aus Management und Organisation.[14]

Der IIR-Arbeitskreis „Interne Revision in der Versicherungswirtschaft“ gliedert in die Risikokategorien:

- Umweltrisiken (z.B. Gesetzgebung),
- Managementrisiken (z.B. Organisation, Planung),
- versicherungstechnische Risiken (z.B. Irrtumsrisiko),
- Risiken der Kapitalanlage (Bonitätsrisiko) und
- funktionale Risiken (z.B. Beschaffungs-, Absatz- und Finanzierungsrisiken).[15]

---

11 Vgl. Emmerich, Risikomanagement, 1999, S. 1082.

12 Vgl. IIR-Arbeitskreis, RMS, 1999. S. 189f.

13 Vgl. zum Beispiel die Gliederungen von Bitz, Risikomanagement, 2000b, S. 28ff.; KPMG, Risikomanagement, 1998, S. 18, Bihr; Deyhle, Risiko-Früherkennungs-System, 2000, S. 267 – 269; DRSC, E-DRS 5, 2000, Anhang A.

14 Vgl. Hornung; Reichmann; Diederichs, Risikomanagement, 1999, S. 320.

Die Risikokategorien können auf einer zweiten oder weiteren Gliederungsebene mit anderen Klassifizierungsmerkmalen verbunden werden, z.B. funktionale Risiken auf der ersten Ebene und zentrale oder dezentrale Beobachtung auf der zweiten Ebene.[16] Aus Gründen der Wirtschaftlichkeit des Risikomanagements liegt es nahe, auf den bestehenden, der Aufbauorganisation folgenden Berichtswegen aufzusetzen.

Es findet auch eine Unterteilung nach strategischen Risiken, operativen Risiken[17] und finanziellen Risiken statt. Hier erscheint es sinnvoll, eine erweiterte Untergliederung vorzunehmen.[18] Die hier gewählte Systematisierung nach Risikofeldern erhebt keinen Anspruch auf Vollständigkeit. Ebenso wird es nicht möglich sein, die einzelnen Risikokategorien eindeutig voneinander abzugrenzen. Für den praktischen Einsatz ist sie jedoch sicherlich zweckmäßig. Die folgende Abbildung zeigt die vielfältigen Risiken eines mittleren (Industrie-)Unternehmens im Überblick.

15 Vgl. IIR-Arbeitskreis, RMS, 1999, S. 189f.

16 Vgl. Emmerich, Risikomanagement, 1999, S. 1080.

17 Vgl. Wolf, Runzheimer, Risikomanagement, 2000, S. 94ff. Schitag Ernst & Young: Das Management des Projektes Einrichtung eines Risikomanagement-Systems, o. O., 1999, S. 14.

18 Vgl. zu einer ähnlichen Einteilung: Meier & Cie: Seminarunterlagen „Einführung eines Risikomanagementsystems unter Beachtung möglicher KonTraG-Anforderungen", o. O., 1999, S. 25; KPMG, Risikomanagement, 1998, S. 18; Scharpf, 1997, S. 740.

Strategische Risiken	**Marktrisiken**	**Leistungswirtschaftliche Risiken**	**Finanzwirtschaftliche Risiken**
Bedrohung durch neue Wettbewerber fehlendes F+E-Know-how kein geeigneter Führungsnachwuchs mangelnde Kapitalbeschaffungsmöglichkeiten unzweckmäßige Kooperationen/ Fusionen	zu spätes Erkennen von Marktentwicklungen Preisverfall am Absatzmarkt Preiserhöhung am Beschaffungsmarkt Abhängigkeit von bestimmten Lieferanten Anstieg der Tariflöhne	Produktionsfehler Ausfall der EDV verfehlte Werbepolitik unzureichendes Controllingsystem Ausfall eines Zulieferers zu kostenintensive Neuproduktentwicklung	unzureichende Liquiditätsplanung Anstieg der Zinsen Wechselkursschwankungen Verluste aus spekulativen Geschäften Forderungsausfall beim Kunden Verluste aus Beteiligungen
Risiken aus Corporate Governance	**Rechtliche Risiken**	**Politische/ Gesellschaftliche Risiken**	
unzweckmäßiger Führungsstil mangelnde Motivation der Mitarbeiter unflexible Organisationsstruktur Fehlen eines Aufsichtsgremiums Fluktuation wichtiger Mitarbeiter Betrug/Spionage	Schadensersatzzahlungen aus Produkthaftung neue gesetzliche Umweltschutzauflagen Inanspruchnahme einer gegebenen Bürgschaft Abfindungszahlung an ausgeschiedene Manager	Änderung der Steuergesetzgebung Wegfall von Fördermitteln Handelsembargo im Land eines Kunden gesellschaftliche Abneigung gegen Produkte oder Produktionsverfahren	

Abb. 8: Mögliche Risiken bei einem mittelständischen (Industrie-)Unternehmen (erweitert nach Meier & Cie., 1999, S. 25)

1. Strategische Risiken

Strategische Risiken sollen hier als solche Risiken verstanden werden, die die Erfolgspotentiale des Unternehmens gefährden. Sie manifestieren sich als negative Abweichungen von den strategischen Zielen. Das strategische Risiko ist gekennzeichnet durch einen langfristigen Wirkungszeitraum sowie durch Zielgrößen, die nur in einem begrenzten Maße operationalisiert werden können.

Da strategische Risiken die Erfolgspotentiale des Unternehmens bedrohen, können als mögliche Gefährdungsbereiche folglich die einzelnen Erfolgsfaktoren des jeweiligen Unternehmens in Frage kommen, wie:

- Managementqualität (z. B. fehlender Führungsnachwuchs),
- Problemlösungskompetenz,
- Produkt- und Dienstleistungsqualität,
- Kundenorientierung,
- Lernfähigkeit der Organisation,
- technologisches Know-how und Innovationskraft (z. B. zu lange Entwicklungszeiten für neue Produkte),
- Kostenvorteile (z. B. zu hohe Kosten für die Entwicklung neuer Produkte),
- Finanzstrukturen (z. B. unzureichende Kapitalbeschaffungsmöglichkeiten),
- Geschäftsfeldstrategien (z. B. keine Diversifikation),
- Marktentwicklung (z. B. Auftreten neuer Wettbewerber) und
- Kooperationen/Zusammenschlüsse (z. B. ausbleibende Synergieeffekte bei Fusion).[19]

2. Marktrisiken

Marktrisiken sollen hier als solche Risiken verstanden werden, die sich aus der Geschäftstätigkeit des Unternehmens am Absatz-, Beschaffungs- oder Arbeitsmarkt ergeben.[20]

Das Risiko am Absatzmarkt enthält die Gefahr, daß die vom Unternehmen angebotenen Produkte nicht mehr in der geplanten Menge oder zum geplanten Preis

---

19 Zu Begriff, Arten und Bedeutung von Erfolgspotentialen vgl. Gälweiler, A.. Strategische Unternehmensführung, 2. Auflage, Frankfurt am Main 1990, S. 23f.; Reichmann, Th.: Controlling mit Kennzahlen und Managementberichten, 5. Auflage, München 1997, S. 407.

20 Die Risiken am Kapitalmarkt werden hier den finanzwirtschaftlichen Risiken zugeordnet.

verkauft werden können. Dies kann z. B. aus einer Veränderung der Kundenwünsche oder durch das Auftreten neuer Wettbewerber mit besserem Preis-/Leistungsverhältnis ausgelöst werden.

Am Beschaffungsmarkt besteht das Risiko darin, daß die erforderlichen Güter nicht zum geplanten Zeitpunkt, in der geplanten Menge, zum geplanten Preis oder mit der notwendigen Qualität eingekauft werden können (sogenanntes Termin-, Mengen-, Preis- und Qualitätsrisiko). Als Beispiele sind hier der plötzliche Ausfall eines Hauptlieferanten aufgrund einer Insolvenz oder ein schlagartiger Anstieg der Beschaffungspreise wegen Rohstoffmangels zu nennen.

Risiken am Arbeitsmarkt bestehen, wenn z. B. bei Softwareunternehmen die erforderlichen Mitarbeiter mit entsprechender Qualifikation wegen Arbeitskräftemangels nicht mehr im geplanten Umfang rekrutiert werden können.

3. Leistungswirtschaftliche Risiken

Die leistungswirtschaftlichen Risiken (= operative Risiken i. e. S.) beziehen sich auf die betriebliche Leistungserstellung, d. h. auf die Aktivitäten des Unternehmens, die zur Erstellung der angebotenen Güter erforderlich sind.

Diese Risiken sind außerordentlich differenziert, da nahezu alle betrieblichen Funktionen unter diese Risikokategorie fallen können. Hilfreich ist es hier – in Anlehnung an die Wertkette - nach Risiken aus den Kernprozessen sowie nach Risiken aus den Unterstützungsprozessen zu unterteilen.

Zu den ersten gehören Risiken aus den Bereichen:

- Einkauf/Logistik (z. B. fehlende Wareneingangsprüfung, Schäden aus dem Transport der Ware),
- Produktion (z. B. hohe Aussschußrate, schlechte Qualität),
- Vertrieb (z. B. unzweckmäßige Vertriebsorganisation) und

- Kundendienst (z. B. Imageschädigung durch unzufriedene Kunden).[21]

Risiken aus den Unterstützungsprozessen können sich aus folgenden Bereichen ergeben:

- Rechnungswesen (z. B. fehlende (Plan-)Kostenrechnung),
- Controlling (z. B. unzureichende Budgetierung),
- Forschung und Entwicklung (z. B. zu hohe Kosten für Neuproduktentwicklung),
- Personalwirtschaft (z. B. mangelhafte Personalauswahl),
- Umweltmanagement (z. B. Nichtbeachtung von gesetzlichen Vorschriften),
- Kalkulation/Angebotserstellung (z. B. zu niedrige Projektkalkulation) und
- EDV (z. B. Euro-Umstellung, Jahr 2000-Problem).[22]

4. Finanzwirtschaftliche Risiken

Die finanzwirtschaftlichen Risiken resultieren aus der Finanzierungstätigkeit des Unternehmens. Besonders relevant sind hier die Finanzierungsstruktur und die Liquiditätslage des Unternehmens, da Mängel in diesen Bereichen im Extremfall zur Überschuldung oder Zahlungsunfähigkeit und somit zur Insolvenz des Unternehmens führen können. Dieses Risiko besteht insbesondere dann, wenn keine oder nur eine unzureichende Liquiditäts- und Finanzplanung vorhanden ist. Ein weiteres finanzielles Risiko kann sich ergeben, wenn ein Unternehmen als Folge einer ungünstigen Bonitätseinschätzung die benötigten Kredite nicht oder nur zu hohen Zinssätzen aufnehmen kann.

Ebenfalls bedeutend ist das Zins- und Währungsrisiko, d. h. das Risiko, durch ungünstige Zins- oder Wechselkursentwicklungen Verluste zu erleiden. Zu deren Risikobewältigung werden oftmals derivative Finanzierungsinstrumente (z. B.

21 Vgl. KPMG, 1998, S. 5; Meier & Cie, 1999, S. 25.
22 Vgl. KPMG, 1998, S. 5; Meier & Cie, 1999, S. 25.

Caps, Floors, Termingeschäfte, Devisenoptionen u. ä.) eingesetzt, die jedoch bei unsachgemäßer Verwendung oder bei spekulativem Einsatz ebenfalls risikobehaftet sind. Die Krise der Metallgesellschaft AG zu Beginn der neunziger Jahre hat dies verdeutlicht.

Weitere Risiken der Finanzierungstätigkeit sind das Ausfallrisiko (Forderungsausfall beim Kunden) oder die mögliche Verlustgefahr aus Unternehmensbeteiligungen.

5. Risiken aus Corporate Governance

Unter Risiken aus Corporate Governance sind hier diejenigen Risiken zu verstehen, die aus der Unternehmensstruktur, -überwachung und –kultur resultieren.[23] Darunter fallen zum einen Risiken aus der Organisationsstruktur des Unternehmens. Dies könnte eine unzureichende Aufbauorganisation sein, d. h. Tätigkeiten und Verantwortungen sind nicht hinreichend geregelt. Die negative Folge besteht darin, daß es zu Konflikten zwischen den einzelnen Organisationsmitgliedern kommen kann.

Ein weiteres Beispiel stellt eine fehlende oder unzureichende Überwachung der Unternehmensführung (z. B. Aufsichtsrat, Gesellschafterrat, Beirat) dar. Dadurch erhöht sich auch das Risiko einer Fehlentscheidung durch die Unternehmensführung, da deren Pläne nicht einer sachverständigen Prüfung und Beratung unterzogen werden.

Aus dem Verhalten der Organisationsmitglieder können gleichfalls Risiken entstehen. Generell fallen unter diesen Punkt alle Sachverhalte, die sich auf die Motiva-

[23] Vgl. Hornung et al., Risikomanagement, 1999, S. 318; Theisen, M. R. (Hrsg.). Der Konzern im Umbruch: Organisation, Besteuerung, Finanzierung und Überwachung, Stuttgart 1998; Albach, H. (Schriftl.): Corporate Governance, ZfB, Ergänzungsheft

tion der Mitarbeiter negativ auswirken können. Hier ist z. B. an das Führungsverhalten der Vorgesetzen sowie an das Verhalten der Mitarbeiter untereinander zu denken. Durch ein „unfreundliches" Betriebsklima (Stichwort „Mobbing") kann das Leistungsvermögen der Mitarbeiter erheblich beeinträchtigt werden. Außerdem wäre eine hohe Fluktuationsrate denkbar mit entsprechend hohen Aufwendungen für Abfindungen sowie für die neuerliche Personalauswahl- und -einarbeitung. Ein unzweckmäßiges Entlohnungs- und Anreizsystem kann ebenfalls Ausgangspunkt für Risiken in diesem Bereich sein. So werden insbesondere hochqualifizierte Mitarbeiter durch das Fehlen von entsprechenden Karriere- oder Weiterbildungsperspektiven wohl kaum dem Unternehmen dauerhaft die Treue halten. Zu dieser Risikokategorie zählen weiterhin Delikte von Mitarbeitern wie etwa Betrug oder Spionage.

6. Rechtliche Risiken

Rechtliche Risiken ergeben sich durch restriktive Gesetze, durch Rechtsstreitigkeiten oder durch ungünstige vertragliche Vereinbarungen. Risiken aus gesetzlichen Regelungen können je nach Art der Geschäftstätigkeit des Unternehmens sehr unterschiedlich sein.

In der chemischen Industrie müssen z. B. umfangreiche gesetzliche Auflagen eingehalten werden, die zu entsprechenden Investitionen und Folgekosten führen. Daneben können gesetzliche Regelungen auch für alle Unternehmen relevant sein. Zu denken ist hier beispielsweise an die in der Vergangenheit diskutierte Abschaffung der Teilwertabschreibung für Buchverlage oder an die Reform der geringfügigen Beschäftigungsverhältnisse im Reinigungsgewerbe.

1/2000; Vives, X. (Hrsg.): Corporate Governance: theoretical and empirical perspectives, Cambridge 2000.

Auch der wachsende Einfluß des EU-Rechts kann zu einem Risiko für das Unternehmen werden. Beispielsweise ist ein Tabakwarenhersteller durch ein diskutiertes EU-weites Verbot für Zigarettenwerbung in negativer Weise von dieser Regelung betroffen.

Ein erhebliches Risiko kann auch von Rechtsstreitigkeiten ausgehen. Hier ist insbesondere die Produkthaftung gemeint, welche als Folge von fehlerhaften Produkten zu hohen Schadenssersatzforderungen der Kunden führen kann.

Vertragliche Risiken können sehr differenziert auftreten. Die möglichen Gefahren erstrecken sich vom Gesellschaftervertrag (z. B. regelmäßige Gewinnausschüttung unabhängig von der Ertragslage), den Arbeitsverträgen (z. B. hohe Abfindungszahlungen an ausgeschiedene Manager), den Kreditverträgen (z. B. Übernahme einer Bürgschaft) über langfristige Lieferverträge bis hin zu speziellen Vertragsrisiken im Anlagengeschäft.

7. Politische und gesellschaftliche Risiken

Aus politischen oder gesellschaftlichen Entwicklungen können ebenfalls nicht unerhebliche Risiken für das Unternehmen resultieren. Politische Risiken liegen vor, wenn durch politische Maßnahmen oder Entwicklungen Bestandsgefährdungen für das Unternehmen entstehen.

Diese Risiken lassen sich oftmals nur schwer von den rechtlichen Risiken abgrenzen, da viele politische Entscheidungen gesetzlich verankert werden. Beispiele für politische Risiken sind die Steuerpolitik oder die Subventionspolitik auf Landes-, Bundes- oder EU-Ebene. Entscheidet sich etwa die Bundesregierung für eine Streichung oder Reduzierung von Kohlesubventionen, so könnte dies bei den betroffenen Bergbauunternehmen zu einer kritischen Situation für den weiteren Fortbestand führen.

In den Bereich der politischen Risiken zählen auch die sogenannten länderspezifischen Risiken, die für international agierende Unternehmen relevant sein können. Diese Risiken können insbesondere in Entwicklungsländern schlagartig auftreten. Als Beispiele sind hier Bürgerkrieg, Handelsembargo, Verbot von Kapitaltransfer oder Streik zu nennen.

Gesellschaftliche Risiken resultieren aus allgemeinen Trends oder demographischen Entwicklungen, die sich negativ auf das Unternehmen auswirken können. Beispielsweise wird sich ein allgemeiner Trend zu erhöhtem Gesundheitsbewußtsein möglicherweise negativ auf einen Süßwarenhersteller auswirken.

Demographische Entwicklungen, wie etwa der zunehmende Anteil von Senioren an der Bevölkerung, können sich langfristig ebenfalls zu einem Risikopotential für das Unternehmen entwickeln.

III. Begriff und Ziele des Risikomanagements

Der Ursprung des Risikomanagements findet sich in den USA.[24] Damals wurde Risikomanagement mit Versicherungsmanagement gleichgesetzt. Dabei ging es ausschließlich um die Betrachtung der versicherbaren Risiken. Im Mittelpunkt stand die Überwälzung von Risiken auf Versicherungen. Später kamen noch weitergehende Aufgaben, wie Risikoanalyse oder der Einsatz alternativer Maßnahmen zur Risikobewältigung (z. B. Risikoüberwälzung auf Marktpartner, Risikoverminderung durch Schadenssverhütungsmaßnahmen), hinzu. Diese Form des Risikomanagements ist zum Teil auch heute noch verbreitet und wird auch als Risk Ma-

[24] Vgl. Bitz, Risikomanagement, 2000b, S. 16, Wolf, Runzheimer, Risikomanagement, 2000, S. 24.

nagement, Risikomanagement i. e. S. oder als spezielles Risikomanagement bezeichnet.[25]

Aus diesem Risk Management hat sich ein weitergehendes Verständnis von Risikomanagement entwickelt. Das Risikomanagement i. w. S. (auch generelles Risikomanagement genannt) bezieht sich auf sämtliche Risiken, d. h. sowohl auf reine/versicherbare als auch auf spekulative Risiken. Die Risikoüberwälzung auf Versicherungen bildet dabei nur einen Teilbereich eines umfassenden Risikomanagements. Hahn versteht unter dieser Form des Risikomanagements die „Bewußtmachung der Risiken und Chancen im Führungs- und Durchführungsprozeß".[26] Danach wird Risikomanagement nicht als separate Funktion angesehen, sondern als integrierter Bestandteil der Unternehmensführung. Während sich das Risikomanagement i. e. S. „lediglich" mit einzelnen Risiken beschäftigt, bezieht sich das Risikomanagement i. w. S. auch auf die Gesamtrisikolage des Unternehmens.

Die Entwicklungsstufen des Risikomanagements veranschaulicht Abb. 9.

---

25 Vgl. dazu Hahn, D.: Risiko-Management – Stand und Entwicklungstendenzen, in: ZfO, Jg. 1987, S. 139; Karten, Risk Management, 1993, Sp. 3825 f.; Wossidlo, P. R.: Finanzielle Führung, in: Hauschildt, J.; Grün., O. (Hrsg.), Ergebnisse empirischer betriebswirtschaftlicher Forschung, Zur Realtheorie der Unternehmung, Stuttgart 1993, S. 477ff., Mugler, J.: Risk Management in der Unternehmung, Wien 1979.

26 Hahn, Risiko-Management, 1987, S. 139.

Entwicklungsstufe	**Aufgaben**
Versicherungsmanagement	Überwälzung von Einzelrisiken auf Versicherungen/ Optimierung des Versicherungsschutzes
↓	
Risk Management (Risikomanagement i. e. S.)	Bewältigung von Einzelrisiken durch Überwälzung auf Versicherungen oder alternative Maßnahmen
↓	
Risikomanagement (Risikomanagement i. w. S.)	Bewußtmachung und Bewältigung aller Risiken der unternehmerischen Tätigkeit

Abb. 9: Entwicklungsstufen des Risikomanagements
(Quelle: Eigene Darstellung nach Karten, Risk Management, 1993, Sp. 3825f.)

Der Begriff des Risikomanagements wird in der betriebswirtschaftlichen Literatur recht unterschiedlich verwendet. Dementsprechend vielfältig sind die ausgearbeiteten Konzepte zum Risikomanagement.[27] Nach Wolf/Runzheimer verfolgt das Risikomanagement die drei Ziele Sicherstellung der Unternehmensexistenz, Sicherung künftiger Unternehmenserfolge und Minimierung der Risikokosten.[28]

Unter Risikomanagement kann der systematische Umgang, das sind Erkennung, Analyse, Behandlung und Überwachung, mit unternehmerischen Risiken verstanden werden.[29] Dieser Begriff geht über die versicherbaren Risiken hinaus und enthält als Teilfunktionen z. B. auch Risikoanalyse oder Risikovermeidung. Die

---

27 Vgl. Karten, Risk Management, 1993, Sp. 3825 m. w. N.

28 Vgl. Wolf; Runzheimer, Risikomanagement, 2000, S. 25.

29 Vgl. Braun, 1984, S. 27 - 31; Hermann, D. Ch.: Strategisches Risikomanagement kleiner und mittlerer Unternehmen, Diss. Leipzig, Berlin 1996, S. 37; Kromschröder; Lück, 1998, S. 1573f.; IDW, Risikofrüherkennungssystem, 1999, Nr. 2 (4), Hornung et al., Risikomanagement, 1999, S. 319 jeweils m.w.N.

Maßnahmen des Risikomanagements laufen auf eine Risikobewältigung, z. B. durch Risikominimierung, oder eine Risikoakzeptanz hinaus.[30]

Nach Bartram umfaßt das Risikomanagement auch die aktive Steuerung der Risikoposition, die über die Existenzsicherung hinaus auch auf die Steigerung des Unternehmenswertes abzielt.[31] Im Zuge der Integration von strategischer, wertorientierter Unternehmensführung und Risikomanagement gewinnt in letzter Zeit die Balanced Scorecard-Methode in der Diskussion an Bedeutung.[32]

Nach diesen Ausführungen zum betriebswirtschaftlichen Verständnis von Risikomanagement gilt es zu klären, was das KonTraG unter Risikomanagement versteht und wie ein dem KonTraG entsprechendes Risikomanagementsystem ausgestaltet sein muß.

Wie bereits in Kap. C erläutert, gibt das Gesetz selbst keine Hinweise zur näheren Ausgestaltung des Risikomanagements. Da das KonTraG auf sämtliche risikorelevante Sachverhalte, die für den Fortbestand wesentlich sind, abzielt, muß folglich von dem erweiterten Risikomanagementverständnis ausgegangen werden. Dementsprechend ist das Risikomanagement gemäß KonTraG als die Gesamtheit aller Maßnahmen zur Erkennung und Steuerung der das Unternehmen bedrohenden Verlustgefahren zu interpretieren. Dies können sowohl Einzelrisiken als auch

---

30 Vgl. IDW, Risikofrüherkennungssystem, 1999, Nr. 2 (4), Böcking; Orth, Risikomanagement, 2000, S. 249.

31 Vgl. Bartram, S. M.: Finanzwirtschaftliches Risiko, Exposure und Risikomanagement von Industrie- und Handelsunternehmen, in: WiSt, Jg. 2000, H. 5, S. 246.

32 Vgl. Pollanz, M.: Ganzheitliches Risikomanagement im Kontext einer wertorientierten Unternehmensführung (Risk Adjusted Balanced Scorecarding), in: DB, Jg. 1999, S. 1279ff.; Bitz, Risikomanagement, 2000b, S. 58ff.; Form, S.: Balanced Chance-and-Risk-Management, in: Controlling, Jg. 2000, H. 4/5, S. 190ff., Wolf; Runzheimer, Risikomanagement, 2000, S. 29ff., kritisch zu Pollanz, Schmidhuber, R.: Risikomanagement im Kontext wertorientierter Unternehmensführung, in: Der Betrieb, Jg. 2000, S. 153ff.; zur Kritik an dem Konzept Pollanz, M.: Replik auf „Schmidhuber, R.: Risikomanagement im Kontext wertorientierter Unternehmensführung", in: Der Betrieb, Jg. 2000, S. 163 - 164.

kumulierte Risiken einschließlich der Wechselwirkung zwischen diesen Risiken sein.[33]

Der DRSC definiert Risikomanagement wie folgt: „Risikomanagement ist ein nachvollziehbares, alle Unternehmensaktivitäten umfassendes System, das auf Basis einer definierten Risikostrategie ein systematisches und permanentes Vorgehen mit folgenden Elementen umfasst: Identifikation, Analyse, Bewertung, Steuerung, Dokumentation und Kommunikation von Risiken sowie die Überwachung dieser Aktivitäten."[34]

Das Institut der Wirtschaftsprüfer versteht unter Risikomanagement die Gesamtheit aller organisatorischen Regelungen und Maßnahmen zur Risikoerkennung und zum Umgang mit den Risiken unternehmerischer Betätigung.[35] Im Vergleich damit umfaßt § 91 Abs. 2 AktG nur einen Teilaspekt des gesamten Risikomanagementsystems, nämlich ein Risikofrüherkennungssystem zur frühzeitigen Erkennung bestandsgefährdender Entwicklungen sowie ein dazugehöriges Überwachungssystem[36] (vgl. Abb. 10).

---

33 Vgl. Kromschröder; Lück, Unternehmensüberwachung, 1998, S. 1573 f.

34 DRSC, E-DRS 5, 2000, Zi. 9.

35 Vgl. IDW, Risikofrüherkennungssystem, 1999, Nr. 2 (4).

36 Vgl. Böcking; Orth, Risikomanagement, 2000, S. 249.

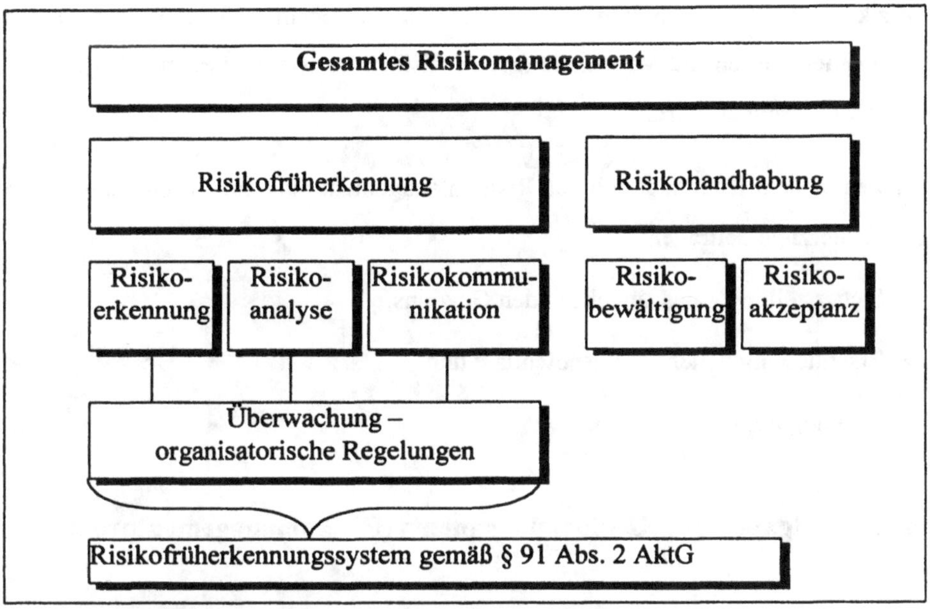

Abb. 10: Risikomanagement im Verständnis des IDW
(Quelle: eigene Darstellung nach IDW, Risikofrüherkennungssystem, 1999, Nr. 3)

Die Zielsetzung eines (KonTraG-konformen) Risikomanagements ist die Unterstützung der Unternehmensführung bei der Erreichung der unternehmerischen Ziele, insbesondere bei dem Primärziel Existenzsicherung[37], durch die Bewältigung aller unternehmerischen Risiken. Risikobewältigung bedeutet jedoch nicht die Minimierung der Risiken, da dies zumeist auch mit der Reduzierung von Chancen verbunden ist, sondern bedeutet, die Risiken aktiv so unter Kontrolle zu haben, daß das Unternehmen nicht in eine existenzgefährdende Situation kommt.[38] Im Rahmen des Risikomanagements erfolgt also periodisch eine Festlegung und Anpassung einer Ziel-Risikoposition, die nicht überschritten werden soll. „Ziel des Risikomanagements ist es, die bereits bestehenden und die künftig entstehenden

[37] Daneben werden als Zielbeitrag eines Risikomanagements auch die Stabilisierung der Lieferfähigkeit, die Schaffung kurzer Reaktionszeiten und eines größeren Handlungsrahmens, eine größere Kalkulierbarkeit von Risiken und eine Schutzfunktion der Vermögenswerte genannt. Vgl. Schicht & Partner (Hrsg.): Unternehmenssicherheit - Integriertes Risikomanagement, o. O. 1998, S. 33.

[38] Vgl. Braun, Risikomanagement, 1984, S. 45.

Risiken eines Unternehmens so zu steuern und zu regeln, daß der Wert eines Unternehmens durch die Verringerung von Risiken bei weiter bestehenden Ertragschancen gesteigert wird."[39]

Neben diesem Hauptziel soll das Risikomanagement auch zur Erreichung folgender Unterziele beitragen:

- Sicherstellung eines ausreichenden Gewinns,
- Erschließung neuer Erfolgspotentiale und
- Senkung der Risikokosten. [40]

IV. Aufgaben des Risikomanagements (Risikomanagementprozeß)

Die Aufgabe des Risikomanagements besteht darin, latente und potentielle Risiken frühzeitig zu erkennen und Strategien sowie Maßnahmen zu planen, zu steuern und zu kontrollieren, die der Handhabung dieser Risiken dienen.[41] Die allgemeinen Aufgaben des Risikomanagements können anhand des sogenannten Risikomanagementprozesses verdeutlicht werden. Dieser umfaßt in Anlehnung an den generellen Managementprozeß mehrere Phasen, wobei die Anzahl, die Bezeichnung sowie die Inhalte der einzelnen Phasen je nach Verfasser teilweise unterschiedlich sind.[42]

Hier soll eine Einteilung in folgende Phasen vorgenommen werden (vgl. Abb. 11):

- Risikoerkennung,

[39] Baetge, Jerschensky, Frühwarnsysteme, 1999, S. 171.

[40] Vgl. Pollanz, Risikomanagementsystem, 1999, S. 394.

[41] Vgl. Krystek, U.: Meinungen zum Thema: Risikomanagement, in: BFuP, Jg. 2000, S. 276.

[42] Vgl. dazu etwa Braun, Risikomanagement, 1984, S. 65 ; Kromschröder; Lück, Unternehmensüberwachung, 1998, S. 1574 f.; Lück, Risikomanagementsystem,

- Risikoanalyse und –bewertung,
- Risikobewältigung und
- Risikoüberwachung.

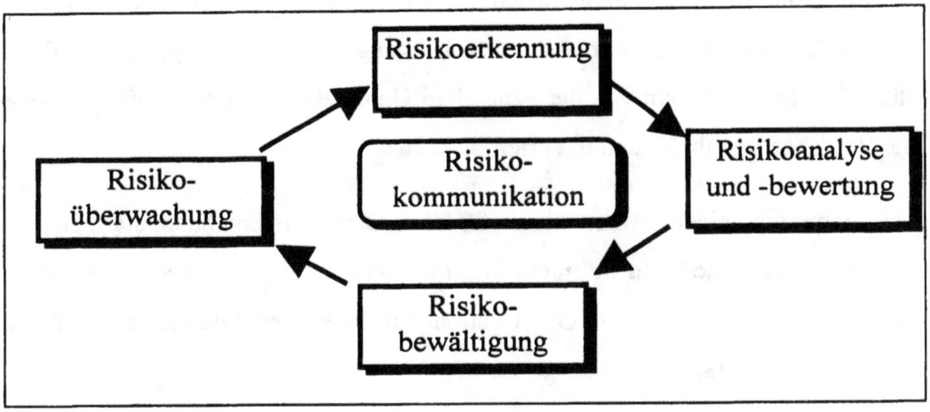

Abb. 11: Risikomanagementprozeß

Der Risikomanagementprozeß besteht nicht aus einer einmaligen Aktion, sondern ist in regelmäßigen Abständen durchzuführen. Dies erfolgt innerhalb des regulären Betriebsablaufs im Zusammenspiel zwischen den operativen Einheiten, der Unternehmensleitung sowie ggf. einer koordinierenden Risikomanagement-Institution. Risikomanagement ist somit in die einzelnen Geschäftsprozesse integriert und von allen übrigen Funktionen zu unterscheiden, jedoch nicht zu trennen.[43]

Zwischen diesen Teilschritten steht jeweils die Kommunikation über die Risiken, da Kommunikationsbereitschaft und Kommunikationsfähigkeit wesentliche Voraussetzungen für einen wirkungsvollen Risikomanagementprozeß sind. So wird die Geschäftsführung nur dann über alle wesentlichen Risiken informiert sein und

1998 b, S. 1925; Scharpf, Risikomanagement- und Überwachungssystem, 1997, S. 740.

[43] Vgl. Karten, Risk Management, 1993, Sp. 3834; KPMG (Hrsg.), Integriertes Risikomanagement, o. O., Berlin 1998, S. 17.

entsprechende Gegenmaßnahmen planen können, wenn sämtliche Unternehmensbereiche die nicht bewältigten Risiken (frühzeitig) weitermelden.

Gedanklich vorangestellt ist dem Risikomanagementprozeß eine Risikostrategie, die die grundsätzliche risikopolitische Ausrichtung des Unternehmens enthält.[44] Die Risikostrategie gibt Vorgaben zum Umgang mit Risiken für die jeweiligen Risikobereiche. Sie geht von der generellen Unternehmensstrategie aus und leitet die Vorgaben von ihr ab und integriert diese in sie.[45]

Die Erarbeitung einer Risikostrategie für das gesamte Unternehmen stellt sich als sinnvoll heraus, die dann in einem Top-down-Verfahren die einzelnen Bereiche des Unternehmens (je nach Organisation entweder Geschäftsbereiche, Werke, Abteilungen u. ä.) spezifisch ausgestaltet.

Die Risikostrategie legt fest, welche Risiken eingegangen werden dürfen, welches Verhältnis zwischen Chancen und Risiken bestehen soll und ab welcher Schadenshöhe Maßnahmen zur Risikobewältigung zu ergreifen sind.[46]

Die Festlegung einer maximalen Verlustgrenze dient als Ausgangspunkt für die entsprechenden Limitsysteme in den einzelnen Unternehmensbereichen. Die Bestimmung solcher Schwellenwerte hängt dabei von der Risikotragfähigkeit und der Risikobereitschaft des Unternehmens ab.[47] Die Risikotragfähigkeit hängt von der vorhandenen Eigenkapitalausstattung ab. Erfahrungen zeigen, daß Risiken oftmals

---

[44] Manche Autoren sehen die Risikostrategie auch als expliziten Bestandteil des Risikomanagementprozesses an. Vgl. Scharpf, Risikomanagement- und Überwachungssystem, 1997, S. 740; Lück, Risikomanagementsystem, 1998 b, S. 1926.

[45] Vgl. Scharpf, Risikomanagement- und Überwachungssystem, 1997, S. 740; Füser, K.; Gleißner, W.; Meier, G.: Risikomanagement (KonTraG) – Erfahrungen aus der Praxis, in: DB, 52. Jg. 1999, S. 753.

[46] Vgl. Lück, Risikomanagementsystem, 1998 b, S. 1926.

[47] Vgl. Schitag Ernst & Young (Hrsg.): Risikomanagement- und Überwachungssystem im Treasury: Darstellung der Anforderungen nach KonTraG, Stuttgart 1998, S. 55.

dann bestandsgefährdend sind, wenn ihr Eintreten mindestens die Hälfte des vorhandenen Eigenkapitals aufzehrt.[48]

1. Risikoerkennung

Mit dem Gebot der Risikoerkennung will das KonTraG verhindern, daß sich Risiken überhaupt realisieren können.[49] Die Aufgabe der Risikoerkennung (auch Risikoidentifikation genannt) besteht also in der frühzeitigen Ermittlung drohender Risiken. Dabei sollten nicht nur bereits bestehende Risiken ermittelt werden, sondern auch potentielle und latente Risiken.[50] Die Risikoidentifikation soll aus Sicht des Gesamtunternehmens erfolgen, was einen (retrograden oder progressiven[51]) Top-down-Ansatz nahelegt.[52]

Die Risikoerkennung bildet die Grundlage für eine erfolgreiche Risikobewältigung, da nur solche Risiken erfolgreich gehandhabt werden können, die auch (rechtzeitig) erkannt werden. Bei der Risikoidentifikation stellen sich folgende Anforderungen: Vollständigkeit der Risiken, Aktualität der Informationen, Wirtschaftlichkeit der Maßnahmen und Minimierung organisatorischer Widerstände.[53]

Neben der Risikoidentifizierung im Rahmen von Frühwarnsystemen gibt es eine Vielzahl von Methoden zur Risikoerkennung.

Nachfolgend sollen einige Methoden[54] kurz angesprochen werden:

48 Vgl. Füser; Gleißner; Meier, Risikomanagement, 1999, S. 753.

49 Hommelhoff, P.; Mattheus, D.: Risikomanagement im Konzern - ein Problemaufriß, in: BFuP, Jg. 2000, S. 218.

50 Vgl. Lück, Risikomanagementsystem, 1998 b, S. 1925; vgl. zur Risikoidentifikation z. B. auch Wolf, Runzheimer, Risikomanagement, 2000, S. 90ff.

51 Vgl. Wolf, Runzheimer, Risikomanagement, 2000, S. 35.

52 Vgl. KPMG, Risikomanagement, 1998, S. 18.

53 Vgl. Wolf, Runzheimer, Risikomanagement, 2000, S. 33f. m. w. N. und S. 100 ff.

54 Unter anderem auch Fehlerbaum-Analysen, Flow-Chart-Analysen und FMEAs, vgl. Wolf, Runzheimer, Risikomanagement, 2000, S. 36f.

- Besichtigungsanalyse: Untersuchung des konkreten Objekts auf mögliche Risikoquellen (z. B. Untersuchung einer Lagerhalle auf Brandrisiko),
- Dokumentenanalyse: Auswertung von Primärdokumenten (z. B. Verträge, Pläne) bzw. Sekundärdokumenten (z. B. innerbetriebliche Statistiken) auf mögliche Risiken,
- Organisationsanalyse: Untersuchung der Aufbau- und Ablauforganisation auf mögliche Schwachstellen, wie z. B. Kompetenzlücken oder –überschneidungen, Engpässe in Prozessen,
- Befragungen: Da die Mitarbeiter in den jeweiligen Bereichen sich am besten mit den üblicherweise auftretenden Risiken auskennen, können diese Risiken durch Befragungen ermittelt werden und
- Checklisten: Bei ständig wiederkehrenden Abläufen dienen Checklisten zur ständigen Beobachtung der typischen Risiken (z. B. Prüfliste bei Wartungsarbeiten).[55]

---

[55] Vgl. Brebeck; Herrmann, Frühwarnsystem, 1997, S. 385.

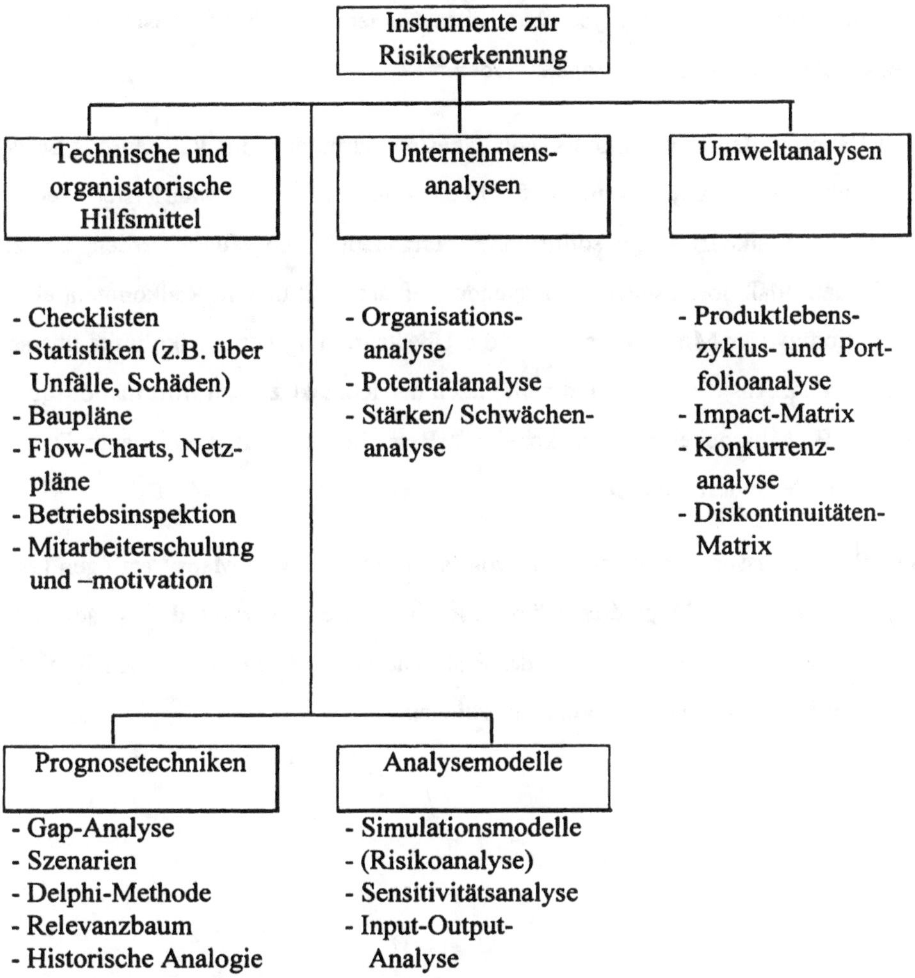

Abb. 12: Mögliche Instrumente zur Risikoerkennung

(Quelle: Braun, Risikomanagement, 1984, S. 227 f.)

Abb. 12 gibt einen Überblick über die verschiedenen Instrumente zur Risikoerkennung. Die technischen und organisatorischen Hilfsmittel enthalten Instrumente wie Kennzahlen, Planbilanzen, Checklisten, Statistiken oder Betriebsinspektionen. Die Unternehmensanalysen einerseits und die Umweltanalysen andererseits nutzen z. B. Stärken-Schwächenanalysen bzw. Produktlebenszyklusbetrachtungen. Die Gruppe der Prognosetechniken umfaßt Methoden wie die Gap-Analyse oder die

Szenario-Technik. Zur Analyse der Risiken können z. B. Simulationsmodelle oder Sensitivitätsstudien herangezogen werden.[56]

Das Hauptproblem der Risikoerkennung besteht darin, daß eine vollständige Erfassung aller Risiken aus Wirtschaftlichkeitsgründen nicht gewährleistet werden kann. Die Risikoerfassung sollte daher permanent durchgeführt werden, um zu verhindern, daß überraschend auftretende Gefahren mit hohem Risikopotential (z. B. Fusion zweier Mitbewerber) oder die Überschreitung von Risikolimits übersehen werden. Aus diesem Grund sollte auch der Kontakt zu den Informationsquellen (z. B. Mitarbeiter aus „risikonahen" Bereichen oder risikorelevante Datenquellen) intensiviert werden.[57]

Die Risikoerfassung kann mit Hilfe von tabellarischen Risk-Maps[58] erfolgen (vgl. Abb. 13). Die Risk-Maps dienen im wesentlichen der Erfassung der Schadenshöhe, der Gesamterwartungswerte[59], der Risikoindikatoren und -limite, den Bewältigungsmaßnahmen sowie der Verantwortlichen.[60]

[56] Vgl. zu den Instrumenten des Risikomanagements auch Baetge; Jerschensky, Frühwarnsysteme, 1999, S. 173; Hornung et al., Risikomanagement, 1999, S. 322.

[57] Vgl. Kromschröder; Lück, Unternehmensüberwachung, 1998, S. 1574.

[58] Vgl. Eggemann; Konradt, Risikomanagement, 2000, S. 505.

[59] Multiplikation von Schadenshöhe und Eintrittswahrscheinlichkeit in Form einer Annualisierung.

[60] Vgl. Bitz, Risikomanagement, 2000b, S. 27.

	Identifizierte bestandsgefährdende oder wesentliche Risiken (Risikoklassen 1 und 2)				
	Liquidität	Fremdwährung	Zinsänderung	Kreditausfall	Länder
	Schadenshöhe				
(1) **HSW** und/oder qualitative Bezeichnung des Risikos TDM (2) **GEW** p. a. TDM					
	Frühwarnindikatoren				
	quantitativ				
(3) Ermittlungsverfahren (4) **Ist** TDM oder % oder Sonstiges (5) **Limit** TDM oder Sonstiges					
	qualitativ				
(6) Bezeichnung (7) Informationsquelle					
	Maßnahmen zur Risikobewältigung				
(8) getroffene Maßnahmen /Bezeichnung					
	noch zu treffende Maßnahmen				
(9) Bezeichnung (10) Termin					
	Verantwortung für				
(11) Risikoidentifikation und -bewertung (12) Risikoindikator (13) Reporting (14) Risikobewältigung					

Abb. 13: Risiko-Erfassungsbogen (Risk-Map) für die Finanzwirtschaft
(Quelle: nach Bitz, Risikomanagement, 2000, S. 82 - 84.)

Ein Risikokatalog, der auf Interviews, Workshops, Erhebungsbögen und Dokumentenanalysen beruht[61], nimmt die auf diesem Wege erfaßten Risiken zunächst

[61] Vgl. Eggemann; Konradt, Risikomanagement, 2000, S. 505.

unstrukturiert auf, um sie dann zu systematisieren, z. B. nach den relevanten Risikofeldern.[62]

Vorhandene Doppel- bzw. Mehrfachnennungen werden eliminiert sowie die Ursache-Wirkungs-Zusammenhänge auf Plausibilität geprüft.[63] Das Risikoinventar bildet die Grundlage für die nun folgende Risikoanalyse und –bewertung. Die jährliche Erstellung des Risikoberichtes setzt eine Risikoinventur auf den jeweiligen Bilanzstichtag voraus.[64] Das Ergebnis dieses Strukturierungsprozesses ist das sogenannte Risikoinventar, das ist die Zusammenfassung der betrieblichen Risiken.

2. Risikoanalyse und -bewertung

Aufgabe der Risikoanalyse ist die möglichst quantitative Ermittlung der Ursachen und Interdependenzen der identifizierten Risiken.[65] Dabei kann es sinnvoll sein, Risikoursachen zu unterscheiden in solche, die die Unternehmensführung beeinflussen können und in solche, die sie nicht beeinflussen können. Wird beispielsweise das Risiko gravierender Umsatzrückgänge bei einzelnen Produktgruppen untersucht, so könnte analysiert werden, ob unzureichende Marketingmaßnahmen oder rezessive Marktentwicklung diese ausgelöst haben. Das Ergebnis der Risikoanalyse kann einen ersten Anhaltspunkt darüber ergeben, welche Maßnahmen zur Risikosteuerung zu ergreifen sind.[66]

Nach der Analyse der Risikoursachen erfolgt im nächsten Schritt die Bewertung der ermittelten Risiken, d.h. die Berechnung der quantitativen Folgewirkung der

62 Vgl. KPMG, Risikomanagement, 1998, S. 21.
63 Vgl. Füser; Gleißner; Meier, Risikomanagement, 1999, S. 754.
64 Vgl. Bitz, Risikomanagement, 2000b, S. 7.
65 Vgl. zu Risikoanalyse und -bewertung z. B. Wolf, Runzheimer, Risikomanagement, 2000, S. 45ff.
66 Vgl. Lück, Risikomanagement, 1998 b, S. 1927.

einzelnen Risiken. Das Ausmaß des Risikos wird auch als „Risk-Exposure" bezeichnet.[67]

Dazu werden die beiden Kriterien Eintrittswahrscheinlichkeit sowie mögliche Schadenshöhe verwendet.[68] Zusätzlich nennen u. a. Wolf/Runzheimer die Häufigkeit als Maßzahl des Auftretens einer Risikoart pro Zeiteinheit oder saisonale Schwankungen.[69] Priorität sollte dabei auf die Beachtung der Schadenshöhe gelegt werden, da Risiken mit hoher Schadenshöhe (selbst bei geringer Eintrittswahrscheinlichkeit) eine größere Bedrohung für das Unternehmen darstellen als Risiken mit hoher Eintrittswahrscheinlichkeit und geringer Schadenshöhe.[70]

Die Genauigkeit der Risikoquantifizierung ist jedoch stark von der jeweiligen Risikoart abhängig. Während sich finanzielle Risiken (z. B. Zins-/Wechselkursschwankungen) relativ leicht und sicher messen lassen[71], ist dies bei strategischen Risiken (z. B. Eintritt in neue Märkte) erheblich schwieriger.

Die Eintrittswahrscheinlichkeit (EW) kann quantitativ und/oder qualitativ bestimmt werden. In der Literatur werden Wahrscheinlichkeitsschätzungen rein qualitativen Beschreibungen häufig vorgezogen. Soweit keine plausiblen Verteilungsschätzungen vorgenommen werden können, dienen verbale Umschreibungen der Klassifizierung. Einer der vorgeschlagenen Ansätze, Wahrscheinlichkeitsklassen zu bilden, verwendet fünf Stufen:

---

67 Vgl. Wolf, Runzheimer, Risikomanagement, 2000, S. 45.

68 Nach KPMG dienen zur ersten Beurteilung Faktoren wie die potentiellen finanziellen Auswirkungen, die Wirkung auf die Reputation des Unternehmens und die Häufigkeit der hinter einem Risiko stehenden Entscheidung. Vgl. KPMG, Risikomanagement, 1998, S. 21; Bitz, Risikomanagement, 2000b, S. 45.

69 Vgl. Wolf, Runzheimer, Risikomanagement, 2000, S. 46 m. w. N. und S. 99.

70 Vgl. Karten, Risk Management, 1993, Sp. 3831 sowie Lück, Risikomanagementsystem, 1998 b, S. 1927. Aus diesem Grund ist die Bildung eines sogenannten Risikoerwartungswertes (Produkt von Schadenshöhe und Eintrittswahrscheinlichkeit) vorsichtig zu handhaben. Vgl. Goldschmidt-Konzern Biehl, 2000, S. 7.

71 Nach E-DRS 5 sind de facto nur Finanzrisiken zu quantifizieren. Vgl. DRSC, E-DRS 5, 2000, Zi. 19.

- unwahrscheinlich,
- wahrscheinlich,
- sehr wahrscheinlich,
- nahezu sicher und
- sicher.[72]

Gemischt quantitativ-qualitative Beschreibungen der Risikoeinstufungen erleichtern dabei die Informationsaufnahme und Risikokommunikation.[73] Eine solche Risikoklassifizierung könnte z. B. anhand der folgenden Abstufung vorgenommen werden:

- sehr unwahrscheinlich (EW < 10 %),
- recht unwahrscheinlich (EW 10 – 30 %),
- möglich (EW > 30 – 70 %),
- recht wahrscheinlich (EW > 70 – 90 %) und
- sehr wahrscheinlich (EW > 90 %).[74]

Da sich Eintrittswahrscheinlichkeiten oftmals nur schwierig ermitteln lassen, kann alternativ oder zusätzlich die Eintrittshäufigkeit in der Vergangenheit untersucht werden.[75] Die Eintrittshäufigkeit läßt sich dabei je nach Risikoart nach Tag, Woche, Monat, Jahr oder Jahrzehnt unterscheiden. Eine objektive Berechnung von Wahrscheinlichkeiten ist allerdings nach Bitz aufgrund des Gesetzes der großen Zahl in der Regel ungeeignet. Er schlägt statt dessen subjektive Wahrscheinlich-

[72] Vgl. IIR-Arbeitskreis, RMS, 1999, S. 192; siehe auch Emmerich, Risikomanagement, 1999, S. 1083 und Braun, Risikomanagement, 1984, S. 236 ff.

[73] Vgl. Wolf; Runzheimer, Risikomanagement, 2000, S. 99 m. w. N.

[74] Vgl. die Dreiteilung bei Hornung et al., Risikomanagement, 1999, S. 321 und die Dreiteilung in unterschiedliche Szenarien bei Eck, P.; Rose, C.; Ouissi, M. J.: Risikomanagement und Bilanzsimulation, - Integrationslösungen am Beispiel der Aktiv Bau AG, in: Controlling, Jg. 2000, H. 2, S. 91; Wolf; Runzheimer, Risikomanagement, 2000, S. 99; eine ähnliche Einteilung, jedoch ohne Verbindung mit Eintrittswahrscheinlichkeiten findet sich bei Schitag Ernst & Young, 1998, S. 36.

keiten vor. [76] Wolf/Runzheimer zufolge sind individuelle Wahrscheinlichkeiten allerdings um einen objektiven Charakter zu ergänzen.[77]

Die Schadenshöhe (SH) drückt die maximale Verlustgefahr für das Unternehmen aus. Hier sind in Abhängigkeit der betriebsindividuellen Rahmenbedingungen z. B. folgende Risikoklassen möglich, wobei sich die Beispiele auf ein mittelständisches Unternehmen mit 10 Mio. DM Eigenkapital beziehen:

- unbedeutend (SH < 10.000 DM),
- gering (SH ≥ 10.000 DM – 100.000 DM),
- mittel (SH > 100.000 DM – 1 Mio. DM),
- schwerwiegend (SH >1 Mio. DM – 5 Mio. DM) und
- existenzbedrohend (SH > 5 Mio. DM).[78]

Der IIR-Arbeitskreis „Interne Revision in der Versicherungswirtschaft" gliedert vereinfachend und ohne Relativierung der Unternehmens- oder Eigenkapitalgröße in vier Risikoklassen:

- unbedeutend (z. B. < 1 Mio. DM),
- gering (z. B. 1 < 5 Mio. DM),
- mittel (z.B. 5 < 50 Mio. DM) und
- gravierend (z.B. > 50 Mio. DM).[79]

Die Goldschmidt AG differenziert bei der Frage der Wesentlichkeit für die Vermögens-, Finanz- und Ertragslage nach der Art des Verantwortungsbereiches, das sind Tochtergesellschaften einerseits und Arbeitsgebiete und Zentralabteilungen

---

75 Vgl. Füser; Gleißner; Meier, Risikomanagement, 1999, S. 755. Vgl. Biehl, 2000, a.a.O., der vom Einsatz von internen und externen Erfahrungswerten im Goldschmidt-Konzern berichtet.

76 Vgl. Bitz, Risikomanagement, 2000b, S. 41, vgl. auch Wolf; Runzheimer, Risikomanagement, 2000, S. 45f.

77 Vgl. Wolf; Runzheimer, Risikomanagement, 2000, S. 98.

78 Skalierung übernommen von Schitag Ernst & Young, 1998, S. 36. Vgl. auch Meier & Cie, 1999, S. 27 (Definition Skalierung).

79 Vgl. IIR-Arbeitskreis, RMS, 1999, S. 192.

der AG andererseits, und dem Umsatz des Verantwortungsbereiches. Bei Tochtergesellschaften mit weniger als 50 Mio. DM Umsatz und Arbeitsgebieten sowie Zentralabteilungen der AG gelten Ergebnisauswirkungen ab 0,25 Mio. DM als wesentlich. Für Tochtergesellschaften beläuft sich die Grenze der Wesentlichkeit auf 0,50 Mio. DM.[80] Nach Angaben von Eggemann/Konradt werden die Grenzwerte, ab denen Bestandsgefährdung und Wesentlichkeit eintreten, in der Praxis häufig als Prozentwerte vom bilanziellen Eigenkapital (z. B. 50 %) und Ergebnis (z. B. 10 %) definiert.[81]

Nachdem die Eintrittswahrscheinlichkeit (Eintrittshäufigkeit) und die Schadenshöhe ermittelt worden sind, kann das Risiko in einem (Ist- und Soll-)Risikoportfolio[82] graphisch dargestellt werden (vgl. Abb. 14). Bitz sowie Füser/Gleißner/Meier unterscheiden eine Vier-Felder-Matrix, die die Dimensionen Höchstschadenswert und Eintrittswahrscheinlichkeit verwendet. Von den auf diesem Weg gebildeten vier Risikoklassen erfaßt das KonTraG nach Bitz nur die Risikoklassen 1 (Höchstschadenswert und Eintrittswahrscheinlichkeit hoch) und 2 (Höchstschadenswert hoch, Eintrittswahrscheinlichkeit gering).[83] Nach Wolf/Runzheimer besteht Hand-

---

80 Vgl. Biehl, W.: Umsetzung eines Risikomanagementsystems im Goldschmidt-Konzern, in: agplan Informations-Dienst, Jg. 2000, H. 1, S. 6.

81 Eggemann, G.; Konradt, T.: Risikomanagement nach KonTraG aus dem Blickwinkel des Wirtschaftsprüfers, in: Betriebs-Berater, Jg. 2000, S. 504.

82 Vgl. KPMG, Risikomanagement, 1998, S. 22f.; Meier, 1999, S. 28ff.; Wolf; Runzheimer, Risikomanagement, 2000, S. 66f. Zum Höchstschadenswert/Gesamterwartungswert-Risikoportfolio auch Füser; Gleißner; Meier, Risikomanagement, 1999, S. 755f.; Bitz, Risikomanagement, 2000b, S. 40ff.; Helmke, S.; Risse, R.: Chancen- und Risikomanagement im Konzern Deutsche Post AG, in: krp-Kostenrechnungspraxis, Jg. 1999, S. 278f.; zum Reward-Risk-Portfolio vgl. Fröhling, O.: KonTraG-konformes Segmentcontrolling und -reporting, in: Controller Magazin, Jg. 2000, S. 61; Bihr; Deyhle, Risiko-Früherkennungs-System, 2000, S. 264f.

83 Vgl. Bitz, Risiko-Managementsystem, 2000, S. 239.

lungsbedarf stets bei schwerwiegenden oder existenzbedrohenden Schadenshöhen.[84]

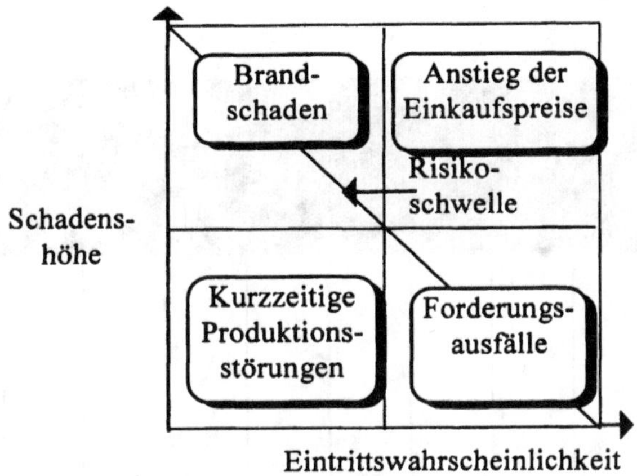

Abb. 14: Beispiel für ein Risikoportfolio
(Quelle: nach KPMG, Risikomanagement, 1998, S. 23, und Hornung et al., 1999, S. 321, sowie Meier & Cie, 1999, S. 31.)

Im Rahmen der Risikobewertung sollte besonderes Augenmerk auf die möglichen Wechselwirkungen zwischen verschiedenen (Einzel-)Risiken (Abb. 15) gelegt werden, da die Summe der Einzelrisiken wegen kompensatorischer oder kumulierter Effekte nicht mit dem Gesamtrisiko übereinstimmen muß. Hierbei kann eine Simulationstechnik in Form der Monte-Carlo-Methode[85] behilflich sein, die es erlaubt, Aussagen über eine Value-at-Risk-Größe des Exposure zu treffen.[86]

---

[84] Vgl. Wolf,;Runzheimer, Risikomanagement, 2000, S. 67. Danach tritt ein Handlungsbedarf unabhängig von der Schadenshöhe auch dann ein, wenn das Risiko wahrscheinlich oder sehr wahrscheinlich ist.

[85] Zum Einsatz im Risikomanagement vgl. Wolf; Runzheimer, Risikomanagement, 2000, S. 51ff.

[86] Vgl. Füser; Gleißner; Meier, Risikomanagement, 1999, S. 756f.; Meier, 1999, S. 43ff; Hommel, U.: Meinungen zum Thema: Risikomanagement, in: BFuP, Jg. 2000, S. 276; Weber, J.; Weißenberger, B. E.; Liekweg, A.: Risk Tracking and Reporting, Vallendar 1999, S. 26. Zu der Einflußmatrix z. B. Wolf; Runzheimer, Risikomanagement, 2000, S. 39ff. m. w. N.

Insbesondere durch die Kumulation vieler kleinerer Risiken kann das Unternehmen in eine existenzgefährdende Situation geraten (sogenannter Dominoeffekt). Diese kumulierten, realisierten Risiken sind auch die Ursache vieler Unternehmenskrisen.[87]

	Risikowechselwirkungen										
	R 1	R 2	R 3	R 4	R 5	R 6	R 7	R 8	R 9	R 10	Begründung
R 1	++										
R 2		++									
R 3			++								
R 4				++							
R 5					++						
R 6						++					
R 7							++				
R 8								++			
R 9									++		
R10										++	

Bewertung: ++ = Risiken treten meist gemeinsam ein
0 = kein wesentlicher Zusammenhang zwischen den Risiken
+ = Risiken treten oft gemeinsam auf
- = Risiken kompensieren sich teilweise
--= Risiken kompensieren sich stark

Abb. 15: Matrix der Risikowechselwirkungen
(Quelle: nach Meier, 1999, S. 29.)

Daher sollte innerhalb der Risikobewertung neben den Einzelrisiken zusätzlich auch das Gesamtrisiko des Unternehmens ermittelt werden.[88] Dabei sind nach

87 Vgl. die Ausführungen zu den Krisenursachen.

88 Vgl. Füser; Gleißner; Meier, Risikomanagement, 1999, S. 755, sowie Karten, 1993, Sp. 3827f.

Biehl auch bereits eingeleitete Gegenmaßnahmen zu berücksichtigen, um zu einem Restrisiko (Exposure) zu gelangen.[89]

3. Risikobewältigung

Nach der Identifikation, der Analyse und der Bewertung der einzelnen Risiken besteht der nächste Arbeitsschritt darin, durch geeignete Strategien oder Maßnahmen das Risiko zu steuern. Die Steuerungsmaßnahmen zielen dabei auf eine Verringerung der Eintrittswahrscheinlichkeit und/oder eine Minimierung des maximalen Schadens ab.[90] Die Maßnahmenkataloge beschreiben die Handlungsbedarfe, die Verantwortlichkeiten, die Maßnahmen und die Zwischen- und Endtermine.[91]

Grundsätzlich stehen dabei folgende Strategien zur Risikobewältigung zur Auswahl:

- Risikovermeidung,
- Risikoverminderung,
- Risikoüberwälzung und
- Risikokompensation.[92]

Bei der Risikovermeidung verzichtet das Unternehmen völlig auf risikoreiche Aktivitäten. Somit entsteht auch kein Risiko, jedoch auch keine Gewinnchance. Daher sollte diese Strategie nur auf einzelne Risiken angewendet werden und auch hier nur im Ausnahmefall. Als Beispiel wäre hier der Verzicht auf die Herstellung eines Produktes mit hohen Produkthaftungsrisiken zu nennen.[93]

---

89 Vgl. Biehl, 2000, a.a.O., S. 7.

90 Vgl. KPMG, Risikomanagement, 1998, S. 23; Wolf; Runzheimer, Risikomanagement, 2000, S. 67ff.

91 Vgl. Wolf; Runzheimer, Risikomanagement, 2000, S. 106.

92 Vgl. nachfolgend Lück, Risikomanagementsystem, 1998 b, S. 1927 f.; Karten, Risk Management, 1993, Sp. 3832 f.; vgl. auch Bitz, Risikomanagement, 2000b, S. 48ff.; Wolf; Runzheimer, Risikomanagement, 2000, S. 70 ff.

93 Vgl. Karten, 1993, Sp. 3832.

Die Risikoverminderung soll die Wahrscheinlichkeit und/oder die Höhe des Vermögensverlustes verringern. Dies geschieht bei quantifizierbaren Risiken z. B. durch einheitliche Richtlinien oder Limitierungen[94], die festlegen, welche Risiken bis zu welcher Höhe eingegangen werden dürfen und wie die Risiken zu behandeln sind. Für solche Risiken erfolgt die Erstellung eines Maßnahmenkataloges für den Fall, daß die Risiken die Limite überschreiten.[95]

Solche Richtlinien oder Limitierungen bieten sich insbesondere für den Finanzbereich an.[96] Weitere Möglichkeiten zur Risikoverminderung liegen in Mitarbeiterschulungen oder spezifischen Schadensverhütungsmaßnahmen (z. B. Brandschutzmaßnahmen).[97]

Durch die Risikoüberwälzung wird das Risiko auf ein anderes Unternehmen, i. d. R. auf ein Versicherungsunternehmen, übertragen (Insurance-Risk-Transfer). Jedoch lassen sich nur bestimmte Risiken, die sogenannten reinen Risiken, wie z. B. Elementarschäden durch Brand oder Überschwemmung, versichern. Dagegen besteht für viele andere bedeutende Risiken keine Versicherungsmöglichkeit. Zu denken ist hier etwa an das Risiko bei der Markteinführung eines neuen Produktes oder an das Risiko bezüglich der Personalauswahl. Manche Risiken, wie z. B. das Haftungsrisiko, können auch durch allgemeine oder spezielle vertragliche Regelungen auf den Vertragspartner überwälzt werden (Non-Insurance-Risk-Transfer)[98]. Die Risikoüberwälzung gilt als die sicherste, wenn auch als teure Maßnahme zur Risikobewältigung, da sie sehr flexibel eingesetzt werden kann und eine sichere Kalkulationsgrundlage bietet.[99]

---

94 Vgl. KPMG, Risikomanagement, 1998, S. 24.

95 Vgl. Bitz, Risikomanagement, 2000b, S. 60.

96 Vgl. Biehl, 2000, a.a.O., S. 6.

97 Vgl. Lück, 1998b, a.a.O., S. 1927.

98 Vgl. Lück, 1998b, S. 1928.

99 Vgl. Karten, 1993, Sp. 3834.

Bei der Risikokompensation trägt das Unternehmen das Risiko selbst. Diese Risikobewältigungsmaßnahme bietet sich vielfach für das nach dem Einsatz der anderen Maßnahmen noch verbleibende Restrisiko oder für unbedeutende Einzelrisiken an. Hier kann eine Absicherung dadurch erfolgen, daß ein gegenläufiges Geschäft (z. B. bei Devisentermingeschäften) abgeschlossen wird. Denkbar ist auch das Selbsttragen ohne weitere Absicherung. Das Risiko soll dadurch kompensiert werden, daß sich die gesamten Risiken untereinander ausgleichen. Das Selbsttragen von Risiken kann durch die Bildung von Rücklagen und/oder im weitestgehenden Fall durch die Gründung einer unternehmenseigenen Selbstversicherungsgesellschaft (Captive Insurance Company) erfolgen.[100]

Ein Maßnahmenportfolio kann bei der Auswahl der Risikomaßnahmen Hilfestellungen leisten. Es ordnet dazu unterschiedlichen Ausprägungen von Schadenshöhe und Eintrittswahrscheinlichkeit „Normmaßnahmen" zu. So sind Wolf/Runzheimer zufolge zum Beispiel bei hohen Schäden und einer hohen Eintrittswahrscheinlichkeit Risikovermeidung und Risikoüberwälzung anzuwenden.[101]

4. Risikoüberwachung

Die Risikoüberwachung (Risikokontrolle) als letzte Phase im Risikomanagementprozeß soll gewährleisten, daß die tatsächliche Risikosituation des Unternehmens jederzeit mit dem Ziel-Risikoprofil übereinstimmt.[102] Basis der Risikokontrolle sind Soll-Ist-Vergleiche zwischen der Risikostrategie und der tatsächlichen Risikolage des Unternehmens. Besonders wird die Einhaltung der vorgegebenen Limits überprüft.

---

100 Vgl. Lück, 1998b, a.a.O., S. 1928; Karten, 1999, Sp. 3834.

101 Vgl. Wolf; Runzheimer, Risikomanagement, 2000, S. 106f.

102 Vgl. KPMG, Risikomanagement, 1998, S. 25.

Weiterhin umfaßt die Risikoüberwachung prozeßunabhängige Überprüfungen der Wirksamkeit der eingesetzten Maßnahmen des Risikomanagements.[103] Der erste Ansatzpunkt hierbei ist die Analyse, ob die Risiken vollständig erfaßt oder ob durch das Risikomanagement nicht erkannte Risiken realisiert worden sind.

Die Prüfung erstreckt sich im Zuge des nächsten Arbeitsschrittes darauf, ob die Risiken bezüglich ihrer Ursachen richtig analysiert (Richtigkeit der Risikoanalyse) und ob die Risiken bezüglich ihrer Eintrittswahrscheinlichkeit und ihrer Schadenshöhe richtig ermittelt worden sind (Richtigkeit der Risikobewertung).

Schließlich sind die Zweckmäßigkeit und die Angemessenheit der eingesetzten Maßnahmen zur Risikobewältigung zu überprüfen.[104] Dazu zählt beispielsweise die Prüfung, ob die abgeschlossenen Versicherungsverträge bezüglich ihres Versicherungsumfanges oder ihrer Kosten dem abzudeckenden Risiko entsprechen, also weder eine „Überversicherung" noch eine „Unterversicherung" besteht. Die Risikoüberwachung wird insbesondere vom Controlling (prozeßabhängig) und der Internen Revision (prozeßunabhängig) durchgeführt.

---

[103] Vgl. Lück, Risikomanagementsystem, 1998 b, S. 1928.

[104] Vgl. KPMG, Risikomanagement, 1998, S. 26.

V. Bestandteile eines Risikomanagementsystems

Die einzelnen Bestandteile eines (KonTraG-adäquaten) Risikomanagementsystems werden vom Gesetzgeber nicht explizit genannt. Auch in der betriebswirtschaftlichen Literatur besteht noch keine abschließende Klarheit darüber, aus welchen Komponenten sich ein Risikomanagementsystem im Sinne des KonTraG im Detail zusammensetzt.

1. Risiken und Chancen

1.1. Risiken
- 1.1.1. Identifikation möglicher Risiken
- 1.1.2. Beschreibung der identifizierten Risiken
- 1.1.3. Bewertung der identifizierten Risiken

1.2. Chancen
- 1.2.1. Identifikation möglicher Chancen
- 1.2.2. Beschreibung der identifizierten Chancen
- 1.2.3. Bewertung der identifizierten Chancen

2. Internes Überwachungssystem

2.1. Organisatorische Sicherungsmaßnahmen
- 2.1.1. Entwicklung von Regelungen zur Gewährleistung der Funktionstrennung in sensiblen Unternehmensbereichen
- 2.1.2. Entwicklung von organisatorischen Sicherungsmaßnahmen in der EDV
- 2.1.3. Organisatorische Sicherungsmaßnahmen durch Arbeitsanweisungen
- 2.1.4. Organisatorische Sicherungsmaßnahmen im Bereich des innerbetrieblichen Belegwesens

2.2. Interne Kontrollen
- 2.2.1. Manuelle Soll/Ist-Vergleiche
- 2.2.2. Kontrolle durch den Einsatz von EDV

2.3. Interne Revision
- 2.3.1. Entwicklung eines Revisionshandbuches für die Interne Revision des Unternehmens
- 2.3.2. Maßnahmen zur Gewährleistung der fachlichen Qualifikation der Mitarbeiter der Internen Revision
- 2.3.3. Maßnahmen zur Gewährleistung der Qualität der Arbeit der Internen Revision
- 2.3.4. Festlegung der Tätigkeitsbereiche der Internen Revision
- 2.3.5. Möglichkeiten der Zusammenarbeit der Internen Revision mit externen Anbietern von Prüfungsleistungen und Beratungsleistungen

3. Controlling
3.1. Planungssystem
3.2. Informationssystem
3.3. Steuerungssystem

4. Frühwarnsystem
4.1. Festlegung der Beobachtungsbereiche
4.2. Bestimmung der Frühwarnindikatoren
4.3. Ermittlung der Sollwerte und Toleranzgrenzen je Frühwarnindikator
4.4. Festlegung der Informationsverarbeitung
4.5. Entwicklung von Maßnahmen zur Gegensteuerung erkannter Fehlentwicklungen

Abb. 16: Checkliste zur Einrichtung eines Risikomanagementsystems
(Quelle: nach Lück, Risiko-Managementsystem, 1998a, S. 14.)

Aus der Gesetzesformulierung und der Gesetzesbegründung wird gefolgert, daß sich ein solches Risikomanagementsystem besonders aus einem Frühwarnsystem, einem Risiko-Controlling sowie einem Internen Überwachungssystem zusammensetzt.[105] Die von Lück entwickelte Checkliste mit Minimalanforderungen an den Ausbaugrad eines Risikomanagementsystems beruht auf den vier Positionen 1) Risiken und Chancen, 2) Internes Überwachungssystem, 3) Controlling und 4) Frühwarnsystem.[106]

---

[105] Vgl. Lück,W.: Elemente eines Risiko-Managementsystems – Die Notwendigkeit eines Risiko-Managementsystems durch den Entwurf eines Gesetzes zur Kontrolle und Transparenz im Unternehmensbereich (KonTraG), in: DB, Jg. 1998a, S. 8; Pollanz, Risikomanagementsystem, 1999, S. 395. Eine andere Einteilung verwendet Krystek, der als Oberbegriff das Interne Kontrollsystem mit den beiden Subsystemen Risikomanagementsystem und Internes Überwachungssystem nennt. Im Gegensatz zu Lück fordert Krystek eine strikte Trennung von Risikomanagementsystem und Internem Überwachungssystem, vgl. Krystek, U.: Neue Controlling-Aufgaben durch neue Gesetze – KonTraG und InsO als Herausforderung für das Controlling, in: krp, Jg. 1999, S. 146. Ebenfalls eine andere Einteilung trifft Giese, der Risikomanagementsystem (bestehend aus Versicherungswesen und Frühwarnsystem) und Internes Kontrollsystem unterscheidet, vgl. Giese, Prüfung, 1998, S. 452.

[106] Vgl. Lück, Risiko-Managementsystem, 1998 a, S. 14.

Zu beachten ist, daß sich diese Unterteilung lediglich auf den funktionalen Aspekt bezieht. Inwieweit diese Subsysteme institutionalisiert werden, hängt von den Gegebenheiten des jeweiligen Unternehmens ab. Weiterhin ist zu beachten, daß diese Elemente zum Teil miteinander verzahnt sind und nicht eindeutig abgegrenzt werden können. So kann beispielsweise das Controlling Träger von Frühwarnsystemen sein und auch Aufgaben innerhalb des Internen Überwachungssystems wahrnehmen.

Der folgende Punkt beschäftigt sich mit der näheren Beschreibung dieser Subsysteme unter dem Gesichtspunkt, welchen Beitrag sie zu einem umfassenden Risikomanagementsystem leisten können.[107]

1. Frühwarnsystem

Die Gesetzesformulierung zu § 91 Abs. 2 AktG sowie die entsprechende Gesetzesbegründung fordern die Einrichtung eines Frühwarnsystems, um Risiken frühzeitig erfassen und bewältigen zu können. Solche Frühwarnsysteme werden in der betriebswirtschaftlichen Theorie und Praxis schon seit geraumer Zeit diskutiert.[108]

Generell werden Frühwarnsysteme „als eine spezielle Art von Informationssystemen bezeichnet, die ihren Benutzern mögliche Gefährdungen (Risiken) mit zeitlichem Vorlauf signalisieren und diese damit in die Lage versetzen sollen, noch

---

107 Auf die Interdependenzen des Risikomanagements und etwa des Finanzmanagements, des Qualitätsmanagements, des Umweltmanagements o. ä. soll hier nicht explizit eingegangen werden.

108 Vgl. Gleißner, W.; Füser, K.: Moderne Frühwarn- und Prognosesysteme für Unternehmensplanung und Risikomanagement, in: Der Betrieb, Jg. 2000, S. 933 - 941 m. w. N.

rechtzeitig geeignete Gegenmaßnahmen zur Abwehr oder Minderung der signalisierten Gefährdung ergreifen zu können."[109]

Neben der reinen Frühwarnung unterscheidet eine weitergehende Klassifikation noch die Begriffe Früherkennung (= frühzeitige Ermittlung von Risiken und Chancen) sowie die Frühaufklärung (= frühzeitige Ermittlung von Risiken und Chancen sowie Sicherstellung von Gegenmaßnahmen).[110]

Da das Risikomanagement in erster Linie auf die Erkennung von krisenhaften Entwicklungen abzielt, wird im weiteren der Begriff Frühwarnsystem verwendet, wobei das Frühwarnsystem auch geeignete Reaktionsstrategien einbezieht. „Wenn entsprechende Gegensteuerungsmaßnahmen erst bei Aufleuchten der roten Lampe überlegt werden müssen, dann ist es für die Abwehr von Krisen oft schon zu spät."[111]

Je nach Sichtweise und Interessenslage möglicher Benutzer kann z. B. in unternehmensexterne und unternehmensinterne oder in quantitative und qualitative Frühwarnsysteme unterschieden werden.[112]

Zur erstgenannten Gruppe gehören solche Frühwarnsysteme, die von unternehmensexternen Gruppen (z. B. Banken, Eigenkapitalgeber, Rating-Agenturen) auf Basis von Unternehmensdaten, insbesondere Jahresabschlußzahlen, entwickelt werden. Ihre Aussagekraft ist jedoch wegen der vergangenheitsorientierten Daten-

109 Krystek, U.; Müller, M.: Frühaufklärungssysteme – Spezielle Informationssysteme zur Erfüllung der Risikokontrollpflicht nach KonTraG, in: Controlling, Jg. 1999, S. 177. Vgl. auch die Begriffsklärung „Frühindikatoren" bei Emmerich, Risikomanagement, 1999, S. 1081.

110 Vgl. Krystek, U; Müller-Stewens, G.: Frühaufklärung für Unternehmen: Identifikation und Handhabung zukünftiger Chancen und Bedrohungen, Schäffer-Poeschel, Stuttgart 1993, S. 21.

111 Lück, Risiko-Managementsystem, 1998 a, S. 13.

112 Vgl. Klausmann, W.: Betriebliche Frühwarnsysteme im Wandel, in: ZfO, Jg. 1983, S. 39; Bitz, Risikomanagement, 2000b, S. 54ff.

basis, der bestehenden bilanzpolitischen Spielräume und offener Fragen nach der theoretischen Begründung der ausgewählten Kennzahlen nicht unbeschränkt.[113]

Im folgenden finden daher ausschließlich unternehmensinterne Frühwarnsysteme Erwähnung. Diese stehen in enger Verbindung zur ordentlichen Unternehmensplanung. Sie sollen frühzeitig planbeeinflussende Faktoren erfassen, so daß zur Planerreichung noch rechtzeitig geeignete Gegenmaßnahmen getroffen werden können. Sie lassen sich entsprechend der Gliederung der Planungsebenen[114] in operative und strategische Frühwarnsysteme differenzieren.[115]

a) Operative Frühwarnsysteme

Die ersten Ansätze von Frühwarnsystemen basieren auf dem Zahlenmaterial des klassischen betrieblichen Rechnungswesens wie Kostenrechnung und Jahresabschluß. Die auch als Frühwarnsysteme der ersten Generation bezeichneten Ansätze versuchen, durch Kennzahlen und Planungshochrechnungen krisenhafte Entwicklungen frühzeitig zu erkennen.

Während Ist-Kennzahlen wegen ihrer Vergangenheitsorientierung jedoch nur begrenzt zur Frühwarnung geeignet sind, bilden Planungshochrechnungen zumindest für kurzfristige Zeiträume ein probates Mittel zur Frühwarnung. Die zusätzlich zum Soll-Ist-Vergleich durchgeführten Soll-Wird-Vergleiche (= Vergleich zwischen Plan zum Periodenende und hochgerechnetem oder voraussichtlichem Ist

---

113 Vgl. Lück, 1998a, S. 11. Eines der bekanntesten Verfahren stellt das von Baetge entwickelte Künstliche Neuronale Netz BP-14 dar, das 14 Jahresabschlußzahlen (z. B. Rentabilität, Kapitalstruktur) zu einem Urteil über die Bestandsfestigkeit von Unternehmen (sogenannter Bilanzbonitätsindex) verdichtet. Vgl. dazu Baetge, J.; Jerschensky, A.: Frühwarnsysteme als Instrumente eines effizienten Risikomanagement und Controlling, in: Controlling, Jg. 1999, S. 173 ff.

114 Vgl. Zahn, E.: Mehrebenenansatz, in: Szyperski, N. (Hrsg.), Handwörterbuch der Planung, Stuttgart 1989, Sp. 1080 ff.

115 Vgl. Krystek; Müller-Stewens, Frühaufklärung, 1993, S. 10 ff.; Wolf; Runzheimer, Risikomanagement, 2000, S. 43ff.

zum Periodenende) lassen bereits frühzeitig sich anbahnende Abweichungen erkennen. Solche Systeme sind heute elementarer Bestandteil von modernen Planungs- und Berichtssystemen.[116]

Die nächste Stufe in der Entwicklung von Frühwarnsystemen sind die indikatororientierten Systeme (Frühwarnsysteme der zweiten Generation), die mit Hilfe von Indikatoren mögliche Risiken suchen. Wegen ihrer hohen Anwendungsrelevanz sollen die indikatororientierten Frühwarnsysteme im folgenden dargestellt werden.

Der Aufbau eines solchen Frühwarnsystems läßt sich in folgende Stufen untergliedern:

1. Ermittlung von Beobachtungsbereichen,
2. Bestimmung von Indikatoren je Beobachtungsbereich,
3. Festlegung von Soll-Werten und Toleranzgrenzen je Indikator,
4. Nominierung von Beobachtern und
5. Ausgestaltung der Informationsverarbeitung.[117]

Zunächst gilt es, nach geeigneten Beobachtungsbereichen innerhalb und außerhalb des Unternehmens zu suchen, von denen potentielle Bedrohungen für das Unternehmen ausgehen könnten.

Sind die Beobachtungsbereiche festgelegt, müssen im nächsten Schritt geeignete Indikatoren ermittelt werden, welche mögliche Gefährdungen in den festgelegten Bereichen signalisieren.

Die Indikatoren sollten dabei folgende Anforderungen erfüllen:

- Eindeutigkeit (Kausalität von Indikator und Bedrohung),

---

[116] Vgl. Krystek; Müller, Frühaufklärungssysteme, 1999, S. 178; Bihr, D.; Deyhle, A.: Risiko-Früherkennungs-System, in: Controller Magazin, Jg. 2000, S. 263. Die vom Management tolerierten Abweichungen bewegen sich nach eigenen Erfahrungen zum Teil im Promillebereich.

[117] Vgl. Krystek; Müller, Frühaufklärungssysteme, 1999, S. 179; Lück, Risiko-Managementsystem, 1998 a, S. 11.

- Frühzeitigkeit (Indikator soll Entwicklung mit zeitlichem Vorlauf anzeigen, so daß noch ausreichend Zeit für die Durchführung von Gegenmaßnahmen besteht),
- Rechtzeitige Verfügbarkeit (Indikator sollte rechtzeitig zugänglich sein),
- Vollständigkeit (Indikatoren sollten gesamten Beobachtungsbereich abdecken) und
- Ökonomische Vertretbarkeit (angemessenes Verhältnis zwischen Aufwand der Informationsbeschaffung und Informationsnutzen). [118]

Die Abb. 17 zeigt mögliche Beobachtungsbereiche mit den dazugehörigen Frühwarnindikatoren. Die Beobachtungsbereiche lassen sich in unternehmensinterne und -externe Klassen gliedern. Zu den externen Beobachtungsbereichen rechnen die Volkswirtschaft, die sozialen Faktoren, der Politiksektor, die Technologie- und Ökologietrends. Die unternehmensinternen Beobachtungsfelder setzen sich vereinfachend aus dem Beschaffungs-, dem Produktions- und dem Absatzbereich zusammen. Diese Unterscheidung ist in der betrieblichen Praxis an den jeweiligen Wirtschaftszweig anzupassen und aufzugliedern.

---

[118] Vgl. Krystek; Müller, Frühaufklärungssysteme, 1999, S. 179.

Beobachtungsbereiche	**Frühwarnindikatoren**
Gesamtwirtschaftlicher Beobachtungsbereich	Zinsen, Wechselkurse, industrielle Nettoproduktion, Tariflohnniveau, Außenhandel, Geldvolumen, Konjunkturindizes
Sozialer Beobachtungsbereich	Bevölkerungswachstum, Bevölkerungsstruktur, Arbeitslosenzahl, Humankapital (Bildung, Fähigkeiten)
Politischer Beobachtungsbereich	Gesetzesvorbereitungen, Stabilität des politischen Systems, politische Parteien
Technologischer Beobachtungsbereich	Innovationen, Werkstoffentwicklung, Veränderungstendenzen der Produktions- und Verfahrenstechnologie
Ökologischer Beobachtungsbereich	Umweltverträglichkeit der Produkte, der Einsatzstoffe, des Produktionsverfahrens
Beschaffungsbereich	Beschaffungspreise, Beschaffungskonditionen, Angebotsvolumen, Qualitätsniveau, Termintreue der Lieferanten
Produktionsbereich	Teilevielfalt, Auslastung, Lagerbestände, Ausschußanteil, Outputveränderungen
Absatzbereich	Auftragseingänge, Auftragsbestand, Bestell- und Kaufverhalten der Kunden, Preis- und Programmpolitik der Konkurrenz, Reklamationsraten, Image der eigenen und der konkurrierenden Produkte

Abb. 17: Mögliche Beobachtungsbereiche und Frühwarnindikatoren
(Quelle: Lück, Risiko-Managementsystem, 1998 a, S. 12)

Dem schließt sich die Festlegung von Sollgrößen und Toleranzgrenzen[119] je Indikator an. Die Soll-Werte entsprechen der normalen, in den Erwartungen liegenden Entwicklung. Die Toleranzgrenze stellt im Unterschied dazu die maximal vertretbare Abweichung vom Soll-Wert dar (vgl. Abb. 18).

[119] Vgl. Bitz, Risikomanagement, 2000b, S. 57.

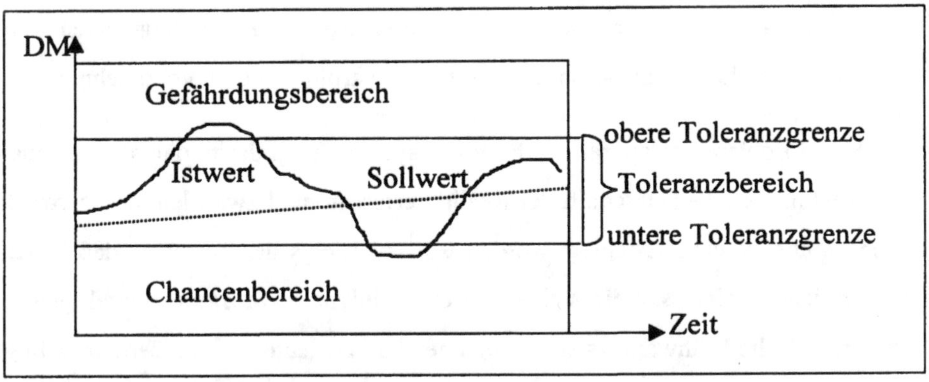

Abb. 18: Beispielhafte Entwicklung des Einkaufspreises als Frühwarnindikator (Quelle: in Anlehnung an Krystek, Müller, Frühaufklärungssysteme, 1999, S. 179.)

Die Festlegung der Soll- und Toleranzgrößen bildet eine sensitive Entscheidung, weil sowohl eine zu enge als auch eine zu weite Definition die Wirksamkeit und Glaubwürdigkeit des gesamten Systems gefährdet. Die Beobachter verfolgen die Indikatoren und geben bei relevanten Abweichungen (Überschreiten der Toleranzgrenze) entsprechende Meldungen an die zentrale Beobachtungsinstanz weiter.

Diese Stelle nimmt die Warnmeldungen auf, überprüft sie auf Plausibilität, analysiert die Wirkungen der Abweichungen und empfiehlt ggf. geeignete Gegenmaßnahmen. Diese Aufgabe sollte in erster Linie das Controlling übernehmen, jedoch ist auch eine Zuordnung zu anderen Bereichen, z. B. dem Marketing, denkbar.

Als letzter Schritt sind die Informationskanäle des Frühwarnsystems festzulegen, d.h. die Informationsbeziehungen zwischen der Umwelt, der Unternehmung und dem Frühwarnsystem sowie seinen Benutzern sind zu strukturieren.[120] Wichtig ist hierbei die schnelle, vollständige und störungsfreie Weiterleitung der Frühwarninformationen an die Planungsverantwortlichen.

[120] Vgl. Lück, Risiko-Managementsystem, 1998 a, S. 12.

Um die dauerhafte Wirksamkeit eines solchen Frühwarnsystems zu gewährleisten, besteht die Notwendigkeit, eine regelmäßige Überprüfung der festgelegten Beobachtungsbereiche und insbesondere deren Frühwarnindikatoren vorzunehmen.

Das Hauptproblem der operativen Frühwarnsysteme liegt darin, daß sie nur einen ganz bestimmten Teilausschnitt der Realität erfassen, und zwar den, der zuvor als Beobachtungsbereich festgelegt worden ist. Angesichts der Tatsache, daß Unternehmen jedoch einer ständig steigenden Umweltdynamik ausgesetzt sind, gewinnen strategische Frühwarnsysteme zunehmend an Bedeutung.[121] Außerdem gelingt es nur unzureichend, Strukturbrüche zu identifizieren, weil die Versuchung besteht, die Indikatorentwicklung der Vergangenheit in die Zukunft zu interpolieren.

b) Strategische Frühwarnsysteme

Im Unterschied zu den operativen Frühwarnsystemen, die nur solche Risiken aufspüren können, die sich innerhalb der zuvor definierten Beobachtungsbereiche[122] befinden, liegt die Grundidee von strategischen Frühwarnsystemen (auch Frühwarnsysteme der dritten Generation genannt) darin, mögliche Gefährdungsbereiche aus der gesamten internen und externen Umwelt des Unternehmens zu orten. Dieses „Strategische Radar“ soll durch das Aufspüren von „Schwachen Signalen“ (Weak Signals)[123] als Ersatz für kurzfristige Reaktionen ein langfristiges Agieren ermöglichen, um somit frühzeitig die „Weichen“ für eine erfolgreiche Weiterentwicklung des Unternehmens zu stellen.[124]

Das Konzept der strategischen Frühwarnung basiert auf der Annahme, daß sich zukünftige Ereignisse oder Entwicklungen bereits eine geraume Zeit vor ihrem

[121] Vgl. Krystek; Müller, Frühaufklärungssysteme, 1999, S. 180f.

[122] Zum Beispiel projektbezogene Risikoidentifikation, vgl. Wolf; Runzheimer, Risikomanagement, 2000, S. 96.

[123] Vgl. Ansoff, H. I.: Managing Surprise and Discontinuity - Strategic Response to Weak Signals, in: ZfbF, Jg. 1976, S. 129 ff.

Eintreten durch schwache Signale ankündigen. Je nach zeitlichem Vorlauf können solche Frühwarnsignale folgende Ausprägungen annehmen:

- bloße Vermutungen,
- mehr oder weniger abgesicherte Prognosen,
- kurzfristig erwartete Ereignisse,
- im Fluß befindliche, sich akzentuierende Trends und Entwicklungen und
- bereits eingetretene Geschehnisse.[125]

Während sich operative Frühwarnsysteme auf quantitative Größen (hard facts) beziehen, sind die strategischen Frühwarnsysteme mehr qualitativer Natur und daher besonders interpretationsbedürftig. Darin liegt auch die Hauptproblematik solcher Instrumente. Erst mit zunehmendem Zeitablauf und der damit verbundenen Einengung des Handlungsspielraums läßt sich eine exakte Ermittlung dieser schwachen Signale erreichen.

Der Prozeß der strategischen Frühwarnung läßt sich einteilen in die Phasen Erfassung von Signalen, Analyse der erfaßten Signale, Relevanzbeurteilung sowie Ableitung von Reaktionsstrategien.[126]

Zunächst sind durch „Scanning" mögliche Gefahrenpotentiale innerhalb und außerhalb der Unternehmung zu ermitteln, wobei die Suche ungerichtet erfolgt. Wird ein relevantes Signal erfaßt, so wird durch „Monitoring" versucht, detailliertere Informationen darüber zu erhalten. Den nächsten Schritt bildet die Analyse der Ursachen sowie der möglichen Auswirkungen der erfaßten Signale auf die Unternehmensziele. Danach wird aufgrund der durchgeführten Analyse die Relevanz der

124 Vgl. Klausmann, Frühwarnsysteme, 1983, S. 44.

125 Vgl. Drexel, G.: Ein Frühwarnsystem für die Praxis – dargestellt am Beispiel eines Einzelhandelsunternehmens, in: ZfB, Jg. 1984, S. 97.

126 Vgl. dazu Drexel, Frühwarnsystem, 1984, S. 93; Krystek; Müller, Frühaufklärungssysteme, 1999, S. 181.

Informationen beurteilt. Anschließend geht es um die Entwicklung und die Umsetzung von geeigneten Reaktionsstrategien.[127]

c) Frühwarnsysteme und KonTraG

Vergleicht man die Phasen der Frühwarnsysteme der zweiten und dritten Generation mit dem generellen Risikomanagementprozeß, so erkennt man Gemeinsamkeiten. Ein solches Frühwarnsystem kann bereits wesentliche Anforderungen des Risikomanagements erfüllen, indem es neben der Risikoerkennung eine Risikobewertung sowie ggf. durch geeignete Gegenmaßnahmen auch eine Risikosteuerung übernimmt. Somit bildet ein Frühwarnsystem ein wesentliches Element eines Risikomanagementsystems, da es latente Risiken frühzeitig erkennt und Impulse zu ihrer Bewältigung gibt. Ein solches Frühwarnsystem trägt wesentlich mit dazu bei, im Sinne des § 91 Abs. 2 AktG bestandsgefährdende Entwicklungen frühzeitig zu erkennen.

Jedoch ergeben sich auch Abweichungen zwischen den hier vorgestellten Konzeptionen und dem Risikofrüherkennungssystem gemäß IDW. So orientiert sich das vom IDW verabschiedete Konzept naturgemäß stark an prüfungsfähigen Aspekten (z. B. Berichtspflicht, Zuordnung von Verantwortlichkeiten, Dokumentation) und „weniger" an den unternehmerischen Zielsetzungen.[128] Krystek/Müller sehen daher die Gefahr, daß die Risikovermeidung im Vordergrund stehen könnte. Die vorhandenen betriebswirtschaftlichen Chancen könnten wegen der damit verbundenen Risiken nicht wahrgenommen werden. Die Folge wäre eine unzureichende Weiterentwicklung der Erfolgspotentiale, so daß es im Ernstfall zu einer strategischen Krise kommen könnte.[129]

---

[127] Vgl. Krystek; Müller, Frühaufklärungssysteme, 1999, S. 181.

[128] Vgl. IDW, Risikofrüherkennungssystem, 1999, Nr. 3.

[129] Vgl. Krystek; Müller, Frühaufklärungssysteme, 1999, S. 182 f.

2. Controlling

a) Allgemeine Aufgaben des Controlling

Zum Controlling existieren in der betriebswirtschaftlichen Theorie und Praxis zahlreiche Konzeptionen. Wesentliches Merkmal all dieser Konzeptionen ist die Einordnung des Controlling als Subsystem der Unternehmensführung. Das Controlling umfaßt die ergebnisorientierte Unterstützung bei der Planung, Steuerung und Kontrolle des Unternehmensgeschehens. Vereinfacht ausgedrückt soll das Controlling dazu beitragen, daß die unternehmerischen Ziele erreicht werden.[130]

Im Mittelpunkt steht dabei die Koordinationsfunktion, d. h. die Abstimmung von arbeitsteilig separierten Subsystemen der Unternehmensführung auf ein gemeinsames Ziel hin. Diese Koordinationsfunktion bezieht sich in erster Linie auf das Planungs- und Kontrollsystem und das Informationsversorgungssystem.[131] So sind vom Controlling beispielsweise die Planungs- und Kontrollzeiträume festzulegen. Die Koordination innerhalb des Informationsversorgungssystems umfaßt etwa die Auswahl entscheidungsrelevanter Informationen.

Daneben wird auch zwischen systembildenden und systemkoppelnden Aufgaben unterschieden. Zu der systembildenden Aufgabe gehört beispielsweise die Entwicklung eines Berichtswesens, während die systemkoppelnde Aufgabe die Integration dieses Berichtswesens in die bestehenden Planungssysteme enthält.

Schließlich wird je nach Zielbezug in strategisches Controlling (bezieht sich auf die Erhaltung und Entwicklung von langfristig wirksamen Erfolgspotentialen) und

---

130 Vgl. Horváth, Controlling, 1998, S. 142ff.; Reichmann, Th.: Controlling mit Kennzahlen und Managementberichten, 5. Aufl., Wiesbaden 1997, S. 3ff. m. w. N.

131 Vgl. Reichmann, 1997, S. 408f.

operatives Controlling (bezieht sich auf kurz- und mittelfristige Erfolgsgrößen wie Gewinn oder Cash-Flow) differenziert.[132]

Die folgende Abbildung verdeutlicht die Gliederung der Controllingaufgaben.

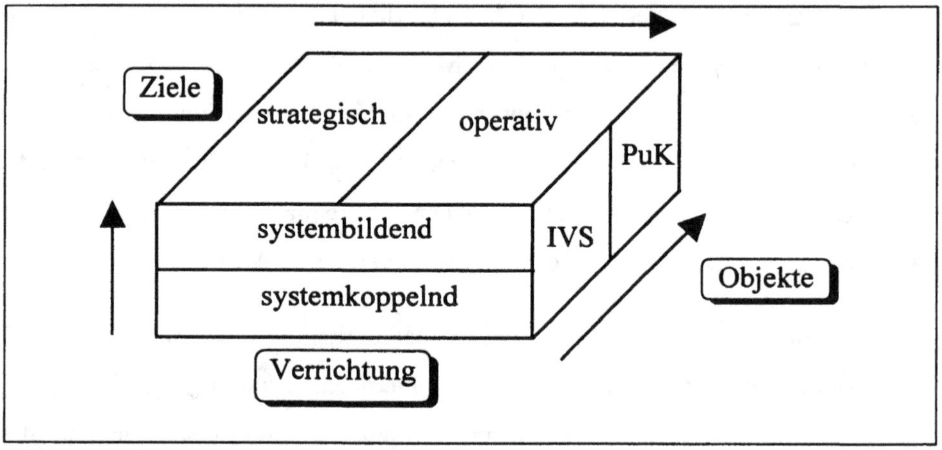

Abb. 19: Differenzierung der Controllingaufgaben
(Quelle: Horváth, Controlling, 1998, S. 144)

Die speziellen Controllingaufgaben in der Praxis sind sehr vielfältig und unterscheiden sich in Abhängigkeit von Unternehmensgröße, Unternehmenstyp (Industrie, Handel oder Dienstleistungsbetrieb) und organisatorischer Einordnung des Controlling.

Als typische Aufgabenbereiche des Controlling gelten beispielsweise:

132 Vgl. Horváth, P.: Controlling, 6., vollständig überarbeitete Auflage, München 1996, S. 140.

- Berichtswesen,
- Operative Planung,
- Strategische Planung,
- Betriebswirtschaftliche Beratung,
- Budgetierung und Budgetkontrolle,
- Investitions-/ Wirtschaftlichkeitsanalysen,
- Abweichungsanalysen,
- Finanzplanung,
- EDV-Organisation,
- Projektkoordination,
- (Konzern-)Bilanzierung und
- Kostenrechnung/Kalkulation. [133]

b) Aufgaben des Controlling im Rahmen des Risikomanagements

Während die generellen Aufgaben des Risikomanagements (Risikomanagementprozeß) allgemein weitgehend übereinstimmend beschrieben sind, gilt dies im Hinblick auf das Risiko-Controlling nicht im entsprechenden Maße. So wird z. B. einerseits Risiko-Controlling mit Risikomanagement gleichgesetzt, andererseits unter Risiko-Controlling lediglich die Kontrolle und Überwachung des Risikomanagements verstanden.

Die Aufgabe des Risiko-Controlling besteht ganz allgemein darin, die Unternehmensleitung zu unterstützen und sie mit der für ihre Entscheidungen relevanten Informationen über bestehende oder drohende Risiken zu versorgen.[134] Daraus abgeleitet können ein generelles Risiko-Controlling und ein spezielles Risiko-Controlling unterschieden werden (vgl. Abb. 20). [135]

---

133 Vgl. Weber, J.: Einführung in das Controlling, 7., vollständig überarbeitete Auflage, Stuttgart 1998, S. 9.

134 Vgl. Lück, Risikomanagementsystem, 1998 b, S. 1929.

135 Vgl. Krystek, Controlling-Aufgaben , 1999, S. 146; ähnlich Braun, Risikomanagement, 1984, S. 62.

<table>
<tr><th></th><th>systembildend</th><th>systemkoppelnd</th></tr>
<tr><td>allgemeines unspezifisches Risiko</td><td rowspan="2">Gestaltung eines risikoorientierten Planungs- und Kontrollsystems sowie Informationsversorgungssystems (= generelles Risiko-Controlling)</td><td></td></tr>
<tr><td>konkrete spezifische Risiken</td><td>Koordination des Risikomanagementprozesses (= spezielles Risiko-Controlling)</td></tr>
</table>

Abb. 20: Controllingaufgaben im Risikomanagement
(Quelle: in Anlehnung an Braun, Risikomanagement, 1984, S. 62.)

Das generelle Risiko-Controlling bezieht sich sowohl auf allgemeine Risiken (Planungsrisiken infolge der Ungewißheit) als auch auf bestimmte, spezifische Risiken und soll das bestehende Controlling neben der Ergebnisorientierung um eine Risikoorientierung bei der Koordination von Planungs- und Kontrollsystem und Informationsversorgungssystem ergänzen.

Ein erhöhtes Risikobewußtsein hat den Nutzen, im Rahmen der Planung dazu beizutragen, daß mögliche Risiken berücksichtigt werden. Dazu sind spezielle Planungsinstrumente anzuwenden, die mögliche Risiken aufzeigen (z. B. Gap-Analyse, Stärken-Schwächen-Analyse). Die Planung sollte auf die Erhöhung der betrieblichen Flexibilität und die Verminderung von Abhängigkeiten zielen. Dies kann beispielsweise durch eine Diversifikationsstrategie erfolgen.[136] Das Informationsversorgungssystem soll durch die Bereitstellung von aussagefähigen Informationen bezüglich der Risiken dazu beitragen, die Planungsqualität zu verbessern und Risiken zu reduzieren.[137]

Unter diesem Blickwinkel stellt Risikomanagement eine Teilfunktion eines umfassenden Controlling dar. Insbesondere das strategische Controlling leistet einen wichtigen Beitrag zur Berücksichtigung möglicher Risiken innerhalb der Pla-

[136] Vgl. dazu ausführlich Braun, Risikomanagement, 1984, S. 73 – 184.

nung.[138] Da jedoch jede Planung implizit oder explizit die möglichen Risiken berücksichtigt, wird im folgenden auf das spezielle Risiko-Controlling Bezug genommen, da dieses zur Bewältigung konkreter Risikosituationen beiträgt, indem es Koordinationsaufgaben innerhalb des Risikomanagementprozesses übernimmt.[139]

Das Risiko-Controlling hat dabei im wesentlichen folgende Aufgaben:

- Mitwirkung bei der Risikostrategie/ Ermittlung von Schwellenwerten,
- Kontrolle der Einhaltung der Schwellenwerte,
- Plausibilitätsprüfung der gemeldeten Risiken,
- Risikoaggregation/ Ermittlung des Gesamtrisikos,
- Risikoberichterstattung an die Geschäftsführung,
- Ausarbeitung von Vorschlägen zur Risikobewältigung und
- Koordination und Kontrolle der einzelnen Maßnahmen zur Risikobewältigung.

Eine erste Aufgabe des Risiko-Controlling im Rahmen des Risikomanagements kann in der Ausarbeitung von risikopolitischen Grundsätzen (Risikostrategie) in Kooperation mit der Unternehmensleitung gesehen werden.[140] Die Interne Revision, die von der Unternehmensleitung mit der Wahrnehmung von Überwachungsaufgaben des Managements beauftragt ist, bildet in diesem Zusammenhang eine wesentliche Instanz, mit der die Risikostrategie im Vorfeld auf „Revisionssicherheit" abzustimmen ist. Dabei können auch Wesentlichkeitsgrenzen (Limits) festgelegt werden, die regeln, bis zu welcher Höhe Risiken von den Prozeßverantwortlichen eingegangen und selbst bewältigt und ab welcher Risikohöhe die Maß-

---

137 Vgl. dazu ausführlich Braun, Risikomanagement, 1984, S. 185 – 214.

138 In diesem Sinne ist Controlling aktives Krisenmanagement, da mögliche Risiken frühzeitig antizipiert werden, so daß eine Krisensituation erst gar nicht entsteht.

139 Krystek hingegen versteht unter Speziellem Risiko-Controlling die Identifikation und Handhabung konkreter Risiken, also den Risikomanagementprozeß, vgl. Krystek, Controlling-Aufgaben, 1999, S. 147. Dies erscheint hier jedoch als Aufgabenbereich des Speziellen Risiko-Controlling zu weit gefaßt, da Risiko-Controlling nicht mit Risikomanagement gleichgesetzt werden soll.

nahmen mit der übergeordneten Führungsebene (in kleineren und mittleren Unternehmen die Geschäftsleitung) abgesprochen oder gar übergeben werden müssen. Grundsätzlich sind diejenigen Risiken weiterzuleiten, die entweder nicht bewältigbar oder die für die nächsthöhere Führungsebene von Bedeutung sind.[141]

Die Auswahl der Schwellenwerte erfolgt unter Berücksichtigung der spezifischen Unternehmensgegebenheiten. Sie ergeben sich anhand folgender Kriterien und Kombinationen:

- absolute Größe eines Risikos (z. B. Risiken über 1 Mio. DM),
- relative Größe eines Risikos im Vergleich zu einer Bezugsgröße (z. B. Risiken über 10 % des (geplanten) Betriebsergebnisses) und
- Entwicklung des Risikos im künftigen Zeitablauf (z. B. Anstieg des Risikos über 30 % gegenüber der vorhergehenden Periode).[142]

In der betrieblichen Praxis erfolgt z. B. beim Gemeinkostencontrolling nicht selten eine Kombination von Relativschwellen und einer Absolutgröße. Um Risikolimits zu interpretieren, sind auch die risikorelevante Unternehmenskultur und das gelebte Führungsmodell einzubeziehen. Die Praxis beurteilt Risiken, die übergeordneten Stellen erst sehr spät im Laufe des Geschäftsjahres offengelegt werden, aufgrund des dann nur noch im eingeschränkten Maße vorhandenen Kompensationspotentials häufig kritischer als bereits frühzeitig kommunizierte Risiken. Die Unternehmenskultur sollte demzufolge Hinweise auf Risiken der Planumsetzung nicht generell negativ bewerten und mit negativen Rückschlüssen auf die Führungskräfte verbinden. Einige spektakuläre Fehlkonstruktionen von neuen Produkten bspw. im Automobilbau, die erst beim Kunden offenkundig wurden, obwohl sie intern bekannt zu sein schienen, aber nicht als kommunizierbar galten,

---

140 Vgl. Füser; Gleißner; Meier, Risikomanagement, 1999, S. 757

141 Vgl. Vogler; Gundert, Risikomanagementsystem, 1999, S. 2381.

142 Vgl. Vogler; Gundert, Risikomanagementsystem, 1999, S. 2381.

zeigen die Notwendigkeit, in den Unternehmenskulturen Risiko und Planabweichung als ambivalente Elemente zu verankern.

Das Risiko-Controlling hat auch die Aufgabe, sowohl die Einhaltung der Limits als auch die Limits selbst in Hinblick auf Zweckmäßigkeit in regelmäßigen Abständen zu überprüfen. Eine bedeutende Aufgabe kommt dem Risiko-Controlling auch innerhalb der Risikoanalyse und –bewertung zu. Als Koordinationsinstanz sammelt das Controlling die identifizierten Risiken und faßt diese in regelmäßigen Abständen zu einem Risikoinventar zusammen. Dabei prüft das Controlling die von den verschiedenen Abteilungen erhaltenen Risikoberichte auf Plausibilität, d. h. auf Ursache-Wirkungs-Zusammenhänge, sowie auf die realistische Risikoeinschätzung bezüglich Eintrittswahrscheinlichkeit und Schadenshöhe.[143]

Daran anschließend erfolgt die Bewertung des Gesamtrisikos des Unternehmens durch das Risiko-Controlling.[144] Ziel ist dabei das Erkennen von einzelnen oder kumulierten Risiken, die zu einer Bestandsgefährdung für das Unternehmen führen können. Generell haben allein das Risiko-Controlling sowie die Geschäftsleitung den Überblick über die gesamte Risikosituation.[145] Die folgende Übersicht dient zur Darstellung der Gesamtrisikopositionen nach Risikoarten und Geschäftsbereichen.

143 Vgl. Vogler; Gundert, Risikomanagementsystem, 1998, S. 2379.

144 Vgl. Hahn, Risiko-Management, 1987, S. 146 f.

145 Vgl. BDO Deutsche Warentreuhand Aktiengesellschaft (Hrsg.): Auswirkungen des Gesetzes zur Kontrolle und Transparenz im Unternehmensbereich (KonTraG) und des Kapitalaufnahmeerleichterungsgesetzes (KapAEG), o. O., 1998, S. 63.

Mio. Euro \ Geschäftsbereiche	GB 1	GB 2	GB 3	Σ
Strategische Risiken	4	18	6	28
Marktrisiken	13	26	4	43
Leistungswirtschaftliche Risiken	18	5	8	31
Finanzwirtschaftliche Risiken	20	3	35	58
Risiken aus Corporate Governance	1	1	1	3
Rechtliche Risiken	5	9	2	16
Politische/Gesellschaftliche Risiken	3	10	2	15
Σ	64	72	58	194

Abb. 21: Darstellung der Gesamtrisikoposition in einer Risikomatrix

Problematisch gestaltet sich allerdings die Berücksichtigung von Interdependenzen zwischen den einzelnen Risiken. Liegen objektiv nachvollziehbare Erwartungen bezüglich der Eintrittswahrscheinlichkeit vor, so kann mittels mathematisch-statistischer Methoden eine Risikoaggregation erfolgen. Solche Value-at-Risk-Modelle sind vor allem im Finanzbereich gängige Praxis zur Ermittlung von Gesamtrisikopositionen.[146] Sie können jedoch nicht uneingeschränkt auf andere Risikobereiche übertragen werden, u. a. weil hier nicht selten keine objektiv ermittelbaren Wahrscheinlichkeitsverteilungen vorliegen. Ersatzweise kann hier durch subjektive Einschätzungen eine Wahrscheinlichkeitsfunktion ermittelt werden. Mittels einer Risikosimulation, beispielsweise durch die Monte-Carlo-Methode,

146 Vgl. zu einem Überblick über Value-at-Risk-Modelle Becker, G. M.: Value at Risk-Modelle für das Finanzrisiko-Management, in: WISU, Jg. 1998, S. 396.

läßt sich jedoch auch hier, wenn auch unter zusätzlichem Aufwand, eine Gesamtrisikoermittlung erzielen.[147]

Ferner sollten die Auswirkungen der Risiken auf die Ergebnisplanung verdeutlicht werden, wobei der Eintritt aller (erkannten) Risiken das maximale Verlustpotential, also die „Worst-Case"-Situation darstellt (vgl. Abb. 22). Neben die Worst-Case-Betrachtung treten eine Best-Case- und eine Real-Case-Betrachtung, um eine abgewogene Beurteilung der Risikoposition zu ermöglichen. In dezentral gesteuerten Einheiten mit Ergebnis-, Umsatz- oder Kostenverantwortung sehen die „Budgetierungsregeln" in der betrieblichen Praxis regelmäßig die Formulierung von periodischen Isterwartungen (Forecasts) durch die Budgetverantwortlichen vor. Dies zwingt sie dazu, sich aus der Vielzahl potentieller Risikoszenarien ein bestimmtes auszuwählen und anzueignen.

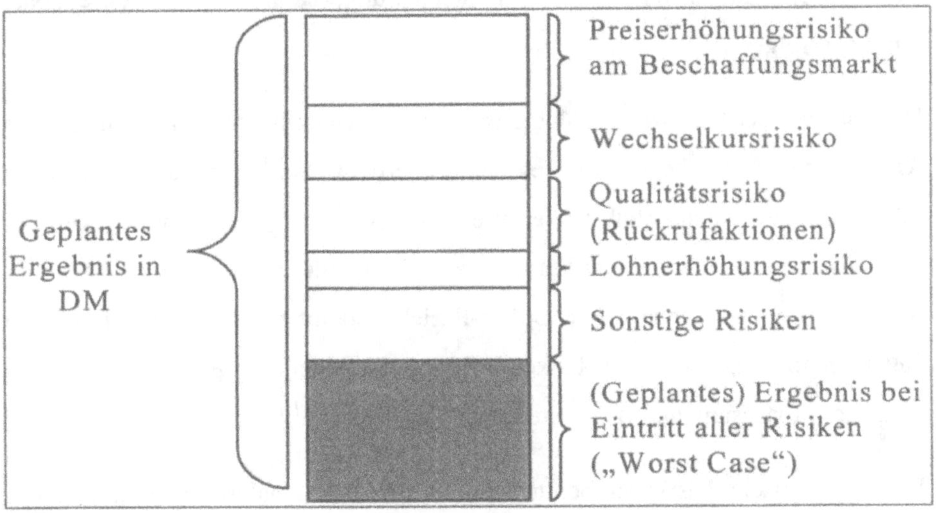

Abb. 22: Auswirkungen von Risiken auf die Ergebnisplanung
(Quelle: ähnlich Hahn, Risiko-Management, 1987, S. 146.)

147 Vgl. hierzu das Beispiel bei Gleißner, W.; Meier, G.: Risikosimulation mittels der Monte-Carlo-Methode, in: VW, 1999, S. 926 – 929.

Eine weitere wichtige Aufgabe des Risiko-Controlling besteht in der Berichterstattung (Reporting) über die bestehenden, eliminierten und verminderten Risiken an die Geschäftsleitung.[148]

Das Reporting sollte so gestaltet sein, daß die entsprechenden Entscheidungsträger rechtzeitig, problemadäquat und in ausreichendem Umfang diejenigen Informationen erhalten, die sie zur Steuerung ihres Verantwortungsbereiches benötigen, einschließlich Simulationsmodellen, Szenarien und Risikokennziffern.[149]

Die Berichterstattung über die Risiken findet regelmäßig, z. B. monatlich oder quartalsweise, statt. Treten jedoch unvorhergesehene Risiken auf, die entweder bestandsgefährdend sind oder einen wesentlichen Einfluß auf die Vermögens-, Finanz- oder Ertragslage des Unternehmens haben, so sollte eine die bestehenden Berichtswege umgehende Sofort-Berichterstattung (ad hoc-reports; exceptional reports) erfolgen.[150]

Dies ist dann der Fall, wenn schlagartig neue Risiken auftreten oder wenn sich das Risikopotential bestehender Risiken deutlich erhöht. Als Beispiele sind etwa der plötzliche Zusammenschluß zweier Wettbewerber, der Verlust eines A-Kunden, ein Umsatzeinbruch bei einem bestimmten Produkt oder schwerwiegende Produktionsstörungen zu nennen. Die Sofort-Berichterstattung sollte nur bei solchen außerordentlich auftretenden Risiken erfolgen. Sie kann kein Ersatz für eine systematische Erfassung und Bearbeitung von Risiken sein.[151]

Diese periodische Risikobearbeitung umfaßt auch die Analyse der unterschiedlichen Berichtszeitpunkte, besonders der im Zeitablauf veränderten Risikopositionen. Wenn die dezentral erstellten Risikoberichte bspw. Überschreitungen des

148 Vgl. Scharpf, Risikomanagement- und Überwachungssystem, 1997, S. 741.

149 Vgl. Lück, Risikomanagementsystem, 1998 b, S. 1929 f.

150 Vgl. Bitz, Risikomanagement, 2000b, S. 61f.; Wolf; Runzheimer, Risikomanagement, 2000, S. 82 und 120ff.

151 Vgl. Vogler; Gundert, Risikomanagementsystem, 1999, S. 2382.

Kostenbudgets anzeigen, ist zu prüfen, warum sich während der Planungsperiode die Forecasts verändern.

Die Berichtspflicht umschließt in diesem Fall auch die Erstellung von Überleitungsbrücken (quantitative Abweichungsanalysen[152]) zwischen dem letzten und dem aktuellen Ist-Erwartungsstand sowie zwischen dem Plan und dem Vorjahres-Istwert, die die Gründe für die veränderte Risikobewertung wertmäßig lückenlos erläutern (Abb. 23).

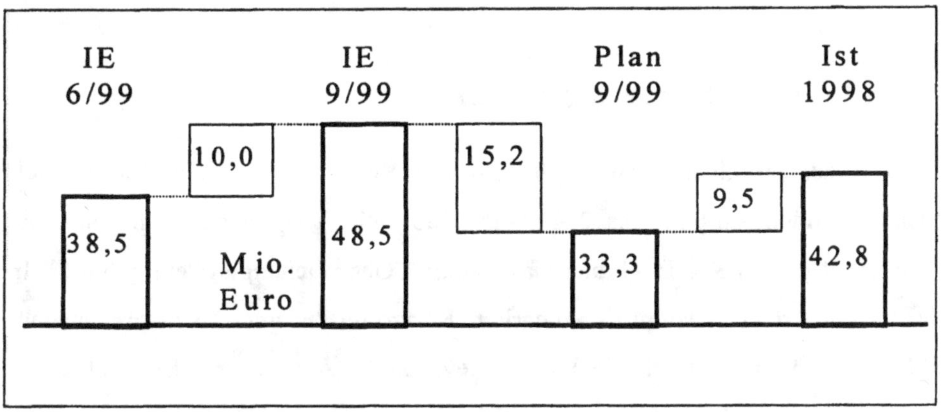

Abb. 23: Überleitungsrechnung der Gesamtrisikoposition

Zu den Aufgaben des Risiko-Controlling gehört es auch, Maßnahmen vorzuschlagen, die zur Bewältigung der Risiken geeignet sind. Weiterhin übernimmt das Risiko-Controlling die Koordination und Kontrolle der einzelnen Maßnahmen zur Risikobewältigung. Diese Aufgabe erlangt besonders in Konzernen erhebliche Bedeutung. Zu denken ist hier etwa an die Abstimmung von eingesetzten Instrumenten zur Absicherung von Währungs- oder Zinsrisiken.

---

152 Nach Lehner/Schmidt sind Abweichungsanalysen der Kernpunkt des Risikomanagements. Lehner; Schmidt, Risikomanagement, 2000, S. 263ff; Bitz, Risikomanagement, 2000b, S. 57, Wolf; Runzheimer, Risikomanagement, 2000, S. 81f. und 113ff. Bei operativen Entscheidungen beziehen sich die Abweichungskontrollen ihrem Konzept gemäß u. a. auf den Umsatz.

Organisatorisch kann die Funktion des Risiko-Controlling je nach Unternehmensgröße und –branche entweder in einer separaten Abteilung oder als Teilfunktion einer generellen Controllingabteilung verankert werden. Wichtig ist dabei, das Risiko-Controlling zentral anzusiedeln, um seine Koordinationsaufgaben (Beurteilung des Gesamtrisikos, Abstimmung der Risikobewältigungsmaßnahmen) zweckmäßig erfüllen zu können.[153] Der zentrale Risiko-Controller ist auf eine sehr enge Abstimmung mit den dezentralen Planungsträgern angewiesen, da diese i.d.R. bei der Erstellung der Risikoprognosen dezentraler Risikofelder mitwirken.

3. Internes Überwachungssystem

Sowohl aus der allgemeinen Begründung zum KonTraG als auch aus der speziellen Begründung zu § 91 Abs. 2 AktG kann abgeleitet werden, daß zum Risikomanagement gemäß KonTraG auch das (interne) Überwachungssystem gehört.[154] In erster Linie zählen dazu prozeßintegrierte Kontrollmaßnahmen sowie prozeßunabhängige Prüfungen durch die Interne Revision.[155] Als weiteres Element unterscheidet Lück noch organisatorische Sicherungsmaßnahmen.[156]

Im Hinblick auf das Risikomanagement erfüllt das Interne Überwachungssystem zwei Aufgaben. Zum einen soll das Interne Überwachungssystem so ausgestaltet sein, daß bestehende oder potentielle Risiken vermieden oder vermindert werden (Präventivfunktion). Dazu dienen (bereits bestehende) organisatorische Sicherungsmaßnahmen, Kontrollen oder Prüfungen durch die Interne Revision, die nur mittelbar im Zusammenhang mit dem Risikomanagement stehen.

---

153 Vgl. BDO, KonTraG, 1998, S. 67 f.

154 Vgl. BT-Drucksache 13/9712, S. 11 und 15. In der Literatur wird dafür auch oftmals der Begriff Internes Kontrollsystem verwendet, vgl. etwa Giese, Prüfung, 1998, S. 457.

155 Vgl. Brebeck; Herrmann, Frühwarnsystem, 1997, S. 387.

156 Vgl. Lück, Risiko-Managementsystem, 1998 a, S. 9.

Zum anderen hat das Interne Überwachungssystem besonders auf dem Weg umfassender Prüfungen durch die Interne Revision unmittelbar die Funktionsfähigkeit des Risikomanagements zu beurteilen und ggf. Verbesserungen anzuregen (Korrekturfunktion).[157] Die Prüfungsberichte der Internen Revision sind bei prüfungspflichtigen Unternehmen eine wesentliche Informationsgrundlage für die Prüfung des Risikomanagementsystems durch die Wirtschaftsprüfer.

In kleinen und mittleren Unternehmen existiert u.a. aufgrund der Unternehmensgröße oder der fehlenden formalen Aufbauorganisation häufig keine institutionell abgegrenzte Interne Revision. Dies gilt in einem besonderem Maße für neu gegründete Unternehmen, die, soweit als AG gegründet und bereits an der Börse notiert, der gesetzlichen Prüfungspflicht ebenfalls unterliegen. Hier hat der Vorstand persönlich dafür Sorge zu tragen, daß er die ihm obliegende Überwachungspflicht auch auf das Risikomanagement ausdehnt und sie für externe Personen nachvollziehbar dokumentiert ist.

a) Organisatorische Sicherungsmaßnahmen

Unter organisatorischen Sicherungsmaßnahmen sind solche überwachenden Maßnahmen zu verstehen, die durch laufende, automatische Einrichtungen vorgenommen werden. Sie können sowohl in die Aufbauorganisation als auch in die Ablauforganisation integriert sein. Sie zielen auf die Vermeidung von Fehlern und Täuschungen, um somit eine vorgegebene Sicherheit zu gewährleisten.[158]

Wesentliches Element ist dabei der Grundsatz der Funktionstrennung, der besagt, daß Aufgabenbearbeitung und Aufgabenüberwachung bei miteinander unvereinbaren Tätigkeiten getrennt voneinander durchgeführt werden sollen. Dabei gelten

[157] Vgl. Lück, Risikomanagementsystem, 1998 b, S. 1930; kritisch zur Präventivfunktion Krystek, Controlling-Aufgaben, 1999, S. 147.

[158] Vgl. Lück, Risiko-Managementsystem, 1998 a, S. 9.

Tätigkeiten dann als unvereinbar, wenn sie es ermöglichen, Fehler oder betrügerische Handlungen sowohl zu veranlassen als auch zu verschleiern.[159] Dies gilt vor allem für sensible Bereiche wie den Finanzbereich. Welche negativen Auswirkungen bei Nichtbeachtung dieses Grundsatzes entstehen können, verdeutlichten in den letzten Jahren einige spektakuläre Unternehmenskrisen. Die funktionale Trennung unvereinbarer Tätigkeiten sollte durch entsprechende Stellenbeschreibungen und Arbeitsanweisungen mit eindeutig festgelegter Aufbau- und Ablauforganisation sowie mit Vertretungsregelungen im Falle von Urlaub oder Krankheit ausreichend dokumentiert sein.[160]

Auch für andere Bereiche sind Arbeitsanweisungen und Richtlinien durch die Vereinheitlichung von Arbeitsabläufen ein wirksames Mittel zur Vermeidung von Fehlern oder Betrügereien. Beispiele hierfür sind Investitionsrichtlinien, Zahlungsrichtlinien oder Bilanzierungsrichtlinien.

Organisatorische Sicherungsmaßnahmen sind auch überall dort erforderlich, wo Geschäftsvorfälle mit Hilfe von EDV-Einsatz bearbeitet werden. Dies bezweckt zu verhindern, daß unbefugte Personen vertrauliche Daten lesen oder verändern. Dazu dienen Maßnahmen wie beispielsweise:

- Zugriffsbeschränkungen auf Daten,
- Systemprogrammierung,
- Schutz bestimmter Datenfelder und
- Elektronische Unterschrift.

---

159 Vgl. Schitag Ernst & Young, Risikomanagement- und Überwachungssystem, 1998, S. 88f.

160 Vgl. Schitag Ernst & Young, Risikomanagement- und Überwachungssystem, 1998, S. 89.

Schließlich zählt zu den organisatorischen Sicherungsmaßnahmen noch das innerbetriebliche Belegwesen, das insbesondere im Rechnungswesen von zentraler Bedeutung ist (z. B. Kontenplan, Buchungsbelege).[161]

b) Prozeßabhängige Überwachung (Kontrolle)

Die prozeßabhängige Überwachung (Kontrolle) ist in Abgrenzung zur prozeßunabhängigen Überwachung (Revision) dadurch gekennzeichnet, daß die Überwachungshandlungen fest in den Arbeitsablauf eingebaut sind.[162] Innerhalb der regulären Betriebsabläufe dienen eine Vielzahl von Kontrolltätigkeiten zur Verminderung von unerwünschten Fehlern. Beispiele hierfür sind Rechnungskontrollen, Qualitätskontrollen oder Buchungskontrollen. Solche Kontrollmaßnahmen sind in die regulären betrieblichen Abläufe eingebettet und zielen auf die korrekte Ausführung von Tätigkeiten ab. Indirekt tragen sie damit zur Risikovermeidung bei.

Speziell im Rahmen des Risikomanagements sind u. a. folgende Kontrollmaßnahmen erforderlich:

- Überwachung von Limits,
- Überwachung der Einhaltung von Terminen,
- Genehmigung und Kontrolle der Risikoberichterstattung und
- Vergleich interner Daten mit externen Quellen (z. B. Kennzahlen zur finanziellen Lage des Unternehmen).[163]

Da solche Kontrollmaßnahmen zum Teil auch durch das Controlling wahrgenommen werden können, ist eine eindeutige (personelle) Abgrenzung zwischen Controlling und Internem Überwachungssystem nicht immer möglich. Vielmehr sind

---

[161] Vgl. Lück, Risiko-Managementsystem, 1998 a, S. 9.
[162] Vgl. Lück, Risiko-Managementsystem, 1998 a, S. 10.
[163] Vgl. IDW, Risikofrüherkennungssystem, 1999, S. 659.

beide Elemente eng miteinander verbunden.[164] Dies gilt besonders für kleine und junge Unternehmen mit einer wenig ausgeprägten formalen Aufbauorganisation. Die Tatsache, daß das Controlling aber wiederum Prüfungsobjekt der Internen Revision ist, erfordert zumindest eine grundlegende sachliche Abgrenzung.

c) Prozeßunabhängige Überwachung (Interne Revision)

Im Unterschied zu der prozeßintegrierten Überwachung durch Kontrollen findet die Überwachungstätigkeit der Internen Revision außerhalb der regulären Geschäftsprozesse statt. Charakteristisches Merkmal der Internen Revision ist die Durchführung der Überwachungsfunktion durch Personen, die weder in die Arbeitsabläufe einbezogen noch für das Ergebnis des überwachten Prozesses verantwortlich sind.[165]

Die Interne Revision ist i. d. R. direkt der Geschäftsleitung unterstellt und prüft in deren Auftrag sämtliche Strukturen und Abläufe im Unternehmen. Generell werden folgende Aufgabengebiete der Internen Revision zugeordnet:

- Prüfungen im Bereich des Finanz- und Rechnungswesens (Financial Auditing),
- Prüfungen im organisatorischen Bereich (Operational Auditing),
- Prüfungen der Managementleistungen (Management Auditing) und
- Beratung, Begutachtung und Entwicklung von Verbesserungsvorschlägen (Internal Consulting).[166]

Gegenstand des Financial Auditing sind formelle und materielle Prüfungen im Finanz- und Rechnungswesen. Dies ist der traditionelle Prüfungsbereich der Internen Revision. Die Prüfungen zielen auf die Ordnungsmäßigkeit des Rechnungswe-

---

164 Vgl. dazu Lück, Risiko-Managementsystem, 1998 a, S. 11.

165 Vgl. Lück, Risiko-Managementsystem, 1998 a, S. 10.

166 Vgl. nachfolgend Lück, Risiko-Managementsystem, 1998 a, S. 11 sowie Hofmann, R.: Interne Revision, Aufgaben, in: Coenenberg, A. G.; Wysocki, K. (Hrsg.): HWR, 2. neugestaltete und ergänzte Auflage, Stuttgart 1994.

sens, dem Schutz der Vermögensgegenstände sowie der Zweckmäßigkeit und Zuverlässigkeit der eingebauten Kontrollen. Bezogen auf das KonTraG sollen Unrichtigkeiten der Rechnungslegung und (sonstige) Verstöße gegen gesetzliche Vorschriften, die der Gesetzgeber als mögliche Ursache von bestandsgefährdenden Entwicklungen nennt, vermieden bzw. aufgedeckt werden.[167]

Das Operational Auditing stellt eine Weiterentwicklung der traditionellen Revisionsaufgaben dar. Es kann sich auf sämtliche Unternehmensbereiche und Unternehmensfunktionen beziehen und überprüft diese im Hinblick auf Ordnungsmäßigkeit und Wirtschaftlichkeit. So wird beispielsweise geprüft, ob die vorhandenen Kompetenz- und Verantwortungsregelungen eindeutig abgegrenzt sind.

Im Rahmen des Management Auditing soll die Zweckmäßigkeit der Entscheidungen der Führungskräfte geprüft werden. Es umfaßt vergangenheitsorientierte Ursachenforschung (z. B. Abweichungsanalysen) und zukunftsbezogene Schwachstellenforschung (z. B. bezüglich Unternehmensüberwachung, Zukunftschancen, Risikofaktoren, Frühwarnsysteme). Diese Funktion gewinnt durch das KonTraG erheblich an Stellenwert, da das KonTraG als Beispiel für die Früherkennung von existenzbedrohenden Entwicklungen explizit risikobehaftete Geschäfte nennt. Daher gilt es zu ermitteln, welche Geschäfte mit einem unverhältnismäßig hohen Risiko verbunden sind, bei denen die potentiellen Risiken die potentiellen Chancen erheblich übersteigen. Das Risikomanagementsystem bildet ein originäres Prüfungsobjekt des Management Auditing, wobei besonders die Zweckmäßigkeit des Frühwarnsystems in regelmäßigen Abständen zu überwachen ist.

Internal Consulting bedeutet, daß die Interne Revision als eine Art „interne Unternehmensberatung" der Geschäftsführung zur Seite steht. Hier geht es beispielswei-

---

167 Vgl. Janke, G.: Gute Chance zur Stärkung der Internen Revision, in: ZIR, 32. Jg. 1997, S. 319.

se um Wirtschaftlichkeitsanalysen, Rationalisierungsmaßnahmen oder Organisationsberatung.

Nach der Untersuchung der allgemeinen Aufgaben der Internen Revision gilt es nun zu klären, welche speziellen Aufgaben die Interne Revision im Rahmen des Risikomanagements wahrnehmen kann.

Das Institut der Wirtschaftsprüfer sieht als konkrete Aufgaben der Internen Revision u.a. folgende Aspekte an:

- Prüfung der vollständigen Erfassung aller Risikofelder,
- Prüfung der Angemessenheit der eingerichteten Maßnahmen zur Risikoerfassung und Risikokommunikation,
- Prüfung auf kontinuierliche Anwendung der Maßnahmen und
- Prüfung auf Einhaltung der integrierten Kontrollen. [168]

Vergleicht man diese Aufgaben der Internen Revision mit den Prüfungsaufgaben der externen Abschlußprüfer gem. § 317 Abs. 4 HGB, so erkennt man wesentliche Gemeinsamkeiten. Die Interne Revision kann durch umfangreiche Prüfungen dazu beitragen, das Risikomanagement so zu konzipieren und zu gestalten, daß der Abschlußprüfer ohne unnötigen Zeiteinsatz die Funktionsfähigkeit und Angemessenheit des Risikomanagements prüfen und testieren kann. Die Interne Revision stellt folglich eine Schnittstelle zwischen dem internen Risikomanagement und der externen Prüfung des Risikomanagements durch den Abschlußprüfer dar.[169]

Im Unterschied zum externen Abschlußprüfer, der „lediglich" eine Prüfung des Risikofrüherkennungssystems vornimmt, hat die Interne Revision auch die Aufgabe, die Zweckmäßigkeit der Maßnahmen zur Risikosteuerung zu beurteilen und ggf. Verbesserungsvorschläge zu machen.

---

168 Vgl. IDW, Risikofrüherkennungssystem, 1999, Nr. 3.5 (16).

169 Vgl. KPMG, Risikomanagement, 1998, S. 16.

Um die o. a. Aufgaben ordnungsgemäß erfüllen zu können, muß die Interne Revision entsprechend ausgestaltet sein. Als Mindestanforderungen an die Interne Revision lassen sich generell folgende Kriterien formulieren:

- Personalausstattung und qualitative Anforderungen an die Interne Revision müssen der Art und dem Umfang des zu prüfenden Unternehmens entsprechen.
- Die Prüfungsergebnisse müssen hinreichenden Aufschluß über die Ordnungsmäßigkeit des Betriebsablaufs, aufgetretene Mängel sowie über mögliche Gefahren für das Unternehmen geben.
- Die Mitarbeiter der Internen Revision sollten nicht mit Tätigkeiten außerhalb des Aufgabengebiets der Internen Revision betraut werden.
- Der Internen Revision sind sämtliche Weisungen der Geschäftsleitung an andere Abteilungen bekanntzugeben, wenn hierdurch offensichtlich ihre Aufgabe berührt wird.
- Die Interne Revision muß ihre Aufgaben (unbeschadet des Direktionsrechts der Geschäftsführung) selbständig wahrnehmen können.
- Die Revisionsberichte sind aktuell, bei akuten Gefahren auch unverzüglich zu erstellen und an die Geschäftsleitung weiterzuleiten.
- Festgestellte Mängel sind zu überwachen und zu dokumentieren. [170]

Die Aufgaben der Internen Revision müssen nicht zwingend von einer eigenen Abteilung erfüllt werden. Falls keine entsprechende Revisionsabteilung existiert oder wenn die vorhandene die Überwachung des Risikomanagements nicht übernehmen kann, so ist es durchaus möglich, die Prüfungen durch externe Revisoren (z. B. Wirtschaftsprüfungsgesellschaften oder Unternehmensberatungen) durchführen zu lassen (Outsourcing der Internen Revision).[171] Diese Verlagerung entbindet die Organe des Unternehmens jedoch nicht von ihrer gesetzlichen oder

170 Vgl. Scharpf, Risikomanagement- und Überwachungssystem, 1997, S. 742 f.

171 Vgl. Scharpf, Risikomanagement- und Überwachungssystem, 1997, S. 742; Kromschröder; Lück, Unternehmensüberwachung, 1998, S. 1576.

gesellschaftsvertraglichen Pflicht zur Überwachung, die sich in einem solchen Fall dann zumindest auf die Prüfungstätigkeit der Externen und die Prüfungsberichte bezieht.

VI. Bedeutung der Risikokultur für das Risikomanagement

In Veröffentlichungen zum Risikomanagement finden sich umfangreiche Aussagen über Funktionen, Abläufe oder Strukturen des Risikomanagements. Die Risikokultur wird dabei eher am Rande erwähnt. Ohne die Bedeutung der „hard facts" in Frage zu stellen, bleibt zu klären, welche Bedeutung die Risikokultur für ein wirkungsvolles Risikomanagementsystem hat.

Die Entwicklung vom speziellen Risk-Management hin zum generellen Risikomanagement machte neben der instrumentellen Sichtweise auch eine verhaltensorientierte Komponente, sprich eine Risikokultur, notwendig. „Im Mittelpunkt steht die Risikobewußtmachung – nicht zuletzt deshalb, weil mit einer Erhöhung der Risiken nicht immer automatisch eine Erhöhung der Chancen einhergeht."[172]

Generell läßt sich die Risikokultur definieren als gemeinsames, grundlegendes Normen- und Wertegerüst aller Organisationsmitglieder im Umgang mit unternehmerischen Risiken.[173] Daraus wird ersichtlich, daß sich die Risikokultur aus der allgemeinen Unternehmenskultur ableitet und in diese zu integrieren ist.[174]

Die Risikokultur soll durch die Sensibilisierung aller Mitarbeiter für Risiken die Funktionsfähigkeit des gesamten Risikomanagementsystems unterstützen. Wichtig erscheint es dabei, daß eine ausgewogene Balance zwischen der Risikoorientierung und der dazugehörigen Kontrollorientierung gefunden wird, um sowohl eine zu

---

172 Hahn, Risko-Management, 1987, S. 139.

173 Vgl. KPMG, Risikomanagement, 1998, S. 8.

174 Vgl. Hahn, Risiko-Management, 1987, S. 143. Eine analoge Beziehung besteht auch zwischen allgemeiner Unternehmensstrategie und der Risikostrategie, siehe S. 79.

starke Risikoorientierung (bei geringer Kontrolle) als auch eine übermäßige Kontrollmentalität (bei geringer Risikoorientierung) zu vermeiden.[175] Abb. 24 zeigt vereinfacht die möglichen Ausprägungen zwischen Risikoorientierung und Kontrollorientierung.

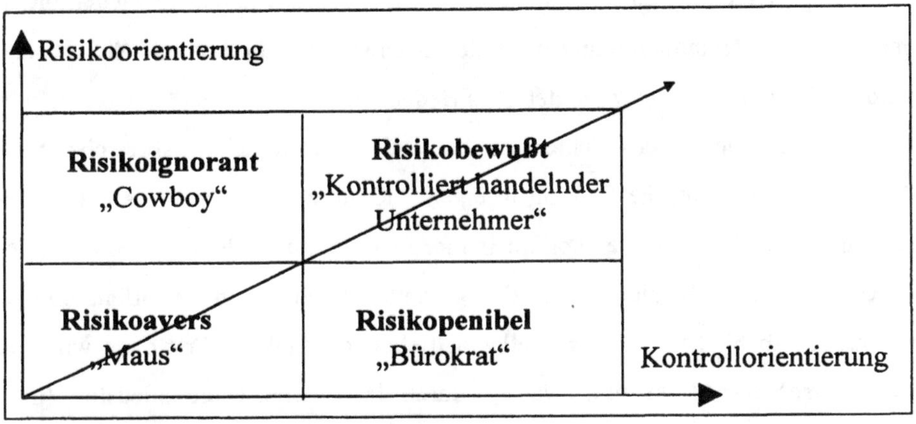

Abb. 24: Mögliche Risikokultur-Typen
(Quelle: KPMG, Risikomanagement, 1998, S. 9)

Zentrale Bedeutung erlangt die Risikokultur im Rahmen der Risikoerkennung mittels Frühwarnsystemen. Solche Systeme erreichen in der Praxis z. T. nicht die erhoffte Wirksamkeit. Der Grund hierfür liegt jedoch meist nicht in der angewandten Methodik, sondern in der unzureichenden Denkhaltung der Organisationsmitglieder.[176]

Beispielsweise sind Außendienstmitarbeiter aufgrund ihrer Kundennähe eine hervorragende Quelle von Frühaufklärungsinformationen. Solange die Außendienstmitarbeiter jedoch kein Gespür für potentielle Chancen und Risiken entwickeln (wollen), bleibt auch der umfangreiche Methodeneinsatz (z. B. mittels standardisierter Kundenbefragungen) in seiner Wirksamkeit begrenzt. Erst durch die Verbindung von zweckmäßigen Instrumenten und entsprechender Risikokultur erreicht der Frühwarnprozeß seine optimale Wirkung.

175 Vgl. KPMG, Risikomanagement, 1998, S. 9.
176 Vgl. Krystek; Müller-Stewens, Frühaufklärung, 1993, S. V.

Die Risikokommunikation gilt als eine wichtige Determinante für ein funktionsfähiges Risikomanagementsystem.[177] Auch hier ist eine entsprechende Risikokultur notwendig. Dies soll anhand eines realitätsnahen Beispiels erläutert werden.

In der EDV-Abteilung eines Unternehmens wird festgestellt, daß es wiederholt zu geringfügigen Beeinträchtigungen bei der Datenspeicherung kommt. Als Ursache wird ein Programmfehler vermutet. Aus Bedenken vor Negativäußerungen erfolgt keine Weitermeldung des Fehlers an die anderen Unternehmensbereiche. Statt dessen wird versucht, die Störung in eigener Regie zu beheben. Dies gelingt jedoch nicht; im Gegenteil, es kommt immer häufiger zu größeren Lücken bei der Datenspeicherung. Schließlich ist das gesamte Unternehmen betroffen, und es kommt zu erheblichen Störungen aller betrieblichen Abläufe. Erst dann wird die wahre Ursache entdeckt, und zwar ein durch das Internet eingeschleuster Virus. Hier hätte die EDV-Abteilung durch frühzeitige und umfassende Information den Schaden begrenzen können. Hierzu ist jedoch eine offene, verantwortungsvolle Risikokultur aller Mitarbeiter notwendig.

Dieses Beispiel zeigt auch die enge Verbindung zwischen Risikobewußtsein und Qualitätsbewußtsein. So wird ein hohes Qualitätsbewußtsein sicherlich auch die Entwicklung eines Risikobewußtseins fördern.

Die Unternehmensführung sollte daher im Rahmen des Risikomanagements neben aufbau- und ablauforganisatorischen Elementen auch auf die Entwicklung und Förderung einer Risikokultur besonderen Wert legen. Hilfreich ist hierbei die Formulierung von risikopolitischen Grundsätzen, d. h. schriftlich dokumentierten Verhaltensregeln[178], die allen Mitarbeitern kommuniziert werden müssen.[179]

---

177 Vgl. Vogler; Gundert, Risikomanagementsystem, 1999, S. 2382.

178 Vgl. Bitz, Risikomanagement, 2000b, S. 22.

179 Vgl. dazu Lehner; Schmidt, Risikomanagement, 2000, S. 264; Eggemann, G.; Konradt, T.: Risikomanagement nach KonTraG aus dem Blickwinkel des Wirtschaftsprüfers, in: Betriebs-Berater, Jg. 2000, S. 504.

Beispiele für solche risikopolitischen Grundsätze sind:

- Die Erzielung eines ausreichenden Gewinns ist notwendigerweise mit dem Eingehen von Risiken verbunden.
- Keine Aktivität darf ein existenzgefährdendes Risiko nach sich ziehen.
- Jeder Mitarbeiter ist innerhalb seines Bereichs für das Erkennen und Bewältigen von Risiken zuständig.
- Chance und Risiken aus unternehmerischen Entscheidungen müssen in einem ausgewogenen Verhältnis zueinander stehen.

Die Risiken sind mit dem Instrumentarium des Risikomanagementsystems zu steuern.[180]

[180] Vgl. Hornung et al., Risikomanagement, 1999, S. 319.

E. Verfahrensschritte zur Implementierung des Risikomanagementsystems

Nach der Behandlung der zentralen Gestaltungsvariablen eines Risikomanagementsystems im Sinne des KonTraG in Kapitel D beschäftigt sich dieses Kapitel mit der Umsetzung des Risikomanagementsystems. Dazu wird eine Methode entwickelt, die bei der Umsetzung des KonTraG in die betriebliche Praxis zur Implementierung und Weiterentwicklung dient.[1]

Im ersten Schritt stellt das Unternehmen eine Projektgruppe zusammen, deren Aufgabe die Durchführung der Implementierung ist. Im zweiten Schritt erfolgen die Risikoinventur, Analyse sowie Kommunikation der im Unternehmen und seinen Teilbereichen erfaßten Risiken. Die Weiterentwicklung der vorhandenen Risikomanagementmodule zu einem nach § 317 Abs. 4 prüfungsfähigen Risikomanagementsystem bildet den Kernpunkt des dritten Arbeitsschrittes. Der abschließende vierte Punkt befaßt sich mit dem Aufbau eines Risikomanagement-Handbuchs. Ein vom Arbeitskreis des Instituts der Internen Revision vorgelegter Ansatz nimmt im Vergleich dazu eine tiefergehende Gliederung in zusammen acht Phasen vor (vgl. Abb. 25).[2]

---

1 Vgl. zu dieser Vorgehensweise Kuhl; Nickel, Risikomanagement, 1999, S. 133 ff.; ähnlich Brebeck; Hermann, Frühwarnsystem, 1997, S. 388 f.; siehe auch IIR-Arbeitskreis, RMS, 1999, S. 188ff.; Emmerich, Risikomanagement, 1999, S. 1079 ff.; Baetge; Jerschensky, Frühwarnsysteme, 1999, S. 173f.; Hornung et al.; Risikomanagement, 1999, S. 319ff.

2 Vgl. IIR-Arbeitskreis, RMS, 1999, S. 190 ff. Vgl. auch Schitag, Risikomanagement, 1998, o. S.

Phasen für den Aufbau eines Risikomanagementsystems

Phasen	Maßnahmen	beteiligte Funktionsträger
I. Vorbereitung	• Definition der operativen Unternehmensziele und -strategien (strukturierte Selbstanalyse) • Risikobrainstorming (Erarbeitung einer Grobkonzeption)	• interne Revision • Controlling • Rechnungswesen • Betriebsorganisation • RM
II. Instruktion	• Schaffung eines einheitlichen Risikoverständnisses • Einweisung in den Risikoerfassungsbogen und die Arbeitspapiere	• RM • Leiter der Funktionseinheiten • Controlling
III. Risikoinventur	• Definition von Toleranzwerten • Identifikation der Risiken • Ausfüllen der Risikoerfassungsbögen	• Leiter der Funktionseinheiten • operatives Controlling
IV: Risikoanalyse	• quantitative und qualitative Bewertung der Risiken (Risikoerwartungswert) anhand von vordefinierten Hilfsmaßstäben	• Leiter der Funktionseinheiten
V. Erfassung der Überwachungsmaßnahmen	• Inventur der Maßnahmen zur Risikohandhabung •	• Leiter der Funktionseinheiten
VI. Rücklaufkontrolle	• Qualitätssicherung (Kontrolle der Rückläufe aus den Fachbereichen)	• RM (Interne Revision, Controlling)
VII. Auswertung und Einrichtung des Berichtswesens	• Identifizierung von funktions- und fachbereichsübergreifenden Risiken • Erstellung eines Gesamtrisikorasters • Berichtswesen etablieren	• RM (interne Revision, Betriebsorganisation)

→ prozeßbegleitende Unterstützung durch das RM

RMS: Risikomanagementsystem

Abb. 25: Phasen des Aufbaus von Risikomanagementsystemen
(Quelle: IIR-Arbeitskreis, RMS, 1999, S. 197.)

Vielfach bestehen in der Unternehmenspraxis bereits Einrichtungen zur Risikoerfassung und Risikobearbeitung, wenn auch nicht unter der expliziten Bezeichnung Risikomanagement. Handlungsbedarf besteht nicht nur für die Unternehmen, die noch überhaupt kein Risikomanagement haben. Das Vorhandensein von Interner Revision, Controlling und Treasuring in einem Unternehmen ist allein nicht ausreichend, um den Verpflichtungen des § 91 Abs. 2 AktG zu genügen. Auch der Verweis auf die Tatsache einer jahrzehntelangen erfolgreichen Unternehmensexistenz genügt der Verpflichtung zur Einrichtung und zum Betrieb eines Risikomanagementsystems nicht.

Für die meisten Unternehmen besteht zunächst ein Handlungsbedarf hinsichtlich Strukturierung und Dokumentation.[3] Die Dokumentation dient weniger dazu, dem Abschlußprüfer die Arbeit zu erleichtern, sondern eine dauerhafte, personenunabhängige Funktionsfähigkeit sicherzustellen.[4] Krystek sieht speziell bei operativen und strategischen Frühwarn-/Früherkennungssystemen einen erheblichen Nachholbedarf bei der systematischen Konzeption und Implementierung.[5] Schindler/Rabenhorst zufolge sind in den Unternehmen häufig nur „Insellösungen“ ohne systematische Zusammenfassung auf der Ebene der Unternehmensleitung anzutreffen.[6]

Nach einer Untersuchung des deutschen Aktieninstituts und KPMG haben nur etwas mehr als 10 % der börsennotierten Unternehmen bereits zum Jahresabschluß 1998 über ein Risikomanagementsystem zur Früherkennung verfügt. Rund 76 % der befragten Aktiengesellschaften wollen die Einrichtung bis Ende 1999 abgeschlossen haben.[7]

---

3 Vgl. Eisele, Meinungen, 2000, S. 278.

4 Vgl. Schindler; Rabenhorst, Meinungen, 2000, S. 281.

5 Vgl. Krystek, Meinungen, 2000, S. 280.

6 Vgl. Schindler; Rabenhorst, Meinungen, 2000, S. 280.

7 Vgl. von Rosen, R. (Hrsg.): Einführung und Ausgestaltung von Risikomanagementsystemen, Eine empirische Untersuchung, Frankfurt am Main 2000; Lehner; Schmidt, Risikomanagement, 2000, S. 262 und die empirischen Ergebnisse von

Das KonTraG zielt daher auf die Vervollständigung, Systematisierung und Dokumentation der vorhandenen Instrumente zu einem geschlossenen System.[8] Es empfiehlt sich, die Einrichtung des Risikomanagements als Projekt durchzuführen, um die Implementierung innerhalb eines festgelegten Zeitraums zu gewährleisten. Nach Erfahrungen von Schitag Ernst & Young ist bei der Erstimplementierung mit einer Projektdauer von rund 6 Monaten zu rechnen.[9]

I. Bildung einer Projektgruppe

Zunächst empfiehlt sich die Einrichtung einer Projektgruppe, die die Implementierungsphase in sachlicher und zeitlicher Hinsicht koordiniert. Diese Projektgruppe sollte sich aus Mitarbeitern u.a. der zentralen Abteilungen Controlling, Revision, Qualitätsmanagement und EDV zusammensetzen. Ergänzend nehmen Vertreter risikorelevanter Unternehmensbereiche wie beispielsweise Einkauf, Produktion oder Marketing daran teil.[10] Daneben kann es sinnvoll sein, bereits frühzeitig den Wirtschaftsprüfer einzubinden, um auftretende Probleme hinsichtlich der Systemprüfung schon im Vorfeld klären zu können.[11]

Die zentrale Projektgruppe kann je nach Unternehmensgröße auch um zusätzliche, spezialisierte Arbeitsgruppen innerhalb der verschiedenen Fachabteilungen, die im Auftrag der Projektgruppe bei der Einrichtung des Risikomanagementsystems behilflich sind, erweitert werden. Dies fördert frühzeitig die Akzeptanz des Systems[12]. Die Projektgruppe stellt einen Projektplan auf, der die einzelnen Teilaufgaben mit Benennung der Verantwortlichkeiten sowie Meilensteine und Termine

---

Mitte 1999 Vogler, M.; Engelhard, S.; Gundert, M.: Risikomanagementsysteme - Stand der Umsetzung, in: DB, Jg. 2000, S. 1425ff.

8 Vgl. Vogler; Gundert, Risikomanagementsystem, 1998, S. 2378.

9 Vgl. Schitag, Risikomanagement, 1998, o. S.

10 Vgl. Bitz, Risikomanagement, 2000b, S. 63.

11 Vgl. Pollanz, Risikomanagementsystem, 1999, S. 397.

festlegt.[13] Die (strategische) Projektsteuerung obliegt nach Lischke/Kirner einem Lenkungsausschuß, der auf Vorstandsebene besetzt ist.[14]

II. Ermittlung von existenzgefährdenden Risiken/Risikobereichen

Als Ausgangspunkt für die KonTraG-konforme Implementierung des Risikomanagementsystems sind mögliche Risiken oder Risikobereiche ausfindig zu machen, die zu einer Existenzbedrohung für das Unternehmen führen können.[15]

Zumeist sind es nur wenige Risiken, die existenzgefährdenden Charakter haben. Es gilt danach zu fragen, von welchen Faktoren das Unternehmen besonders abhängig ist und an welchen Stellen es verwundbar sein könnte (Ressource Dependance Ansatz).[16] Beispielsweise ist ein pharmazeutisches Unternehmen stark vom Forschungs- und Entwicklungsbereich abhängig und dann verwundbar, wenn durch fehlerhafte Produkte Schäden bei Patienten entstehen, die zu Schadensersatzklagen führen können. Dagegen ist eine Brauerei wesentlich von ihrem Markennamen und dem Image des Produktes abhängig. Hier könnte die Gefahr für das Unternehmen in dem für diese Branche typischen starken Preiswettbewerb bestehen.

Zur Ermittlung der wesentlichen Risiken sollten auch die übergeordneten Unternehmensziele einbezogen werden, da die daraus abgeleiteten Strategien ebenfalls risikobehaftet sein können. Strebt das Unternehmen beispielsweise mittels einer Niedrigpreis-Strategie die Marktführerschaft an, so könnten mögliche Risiken im

---

12 Vgl. Brebeck; Hermann, Frühwarnsystem, 1997, S. 388.

13 Vgl. Pollanz, Risikomanagementsystem, 1999, S. 397.

14 Vgl. Lischke, T.; Kirner, H.: Einführung und Organisation eines Risikomanagementsystems, in: Controller Magazin, Jg. 2000, S. 48.

15 Diese Risikoermittlung dient nicht nur zur Einrichtung bzw. Verbesserung des Risikomanagements, sondern stellt auch die Grundlage zur Berichterstattung über die Risiken der künftigen Entwicklung im Lagebericht dar.

16 Vgl. Füser; Gleißner; Meier, Risikomanagement, 1999, S. 753.

Auftreten neuer Mitwettbewerber mit gleichfalls aggressiver Preisstrategie oder in einer Verteuerung der Beschaffungspreise bestehen.

Zur Ermittlung der wesentlichen Risiken empfiehlt es sich generell, zunächst in einem Top-Down-Verfahren vorzugehen, um sicherzustellen, daß aus Sicht der Unternehmensleitung sämtliche relevanten (Einzel-)Risiken oder Risikobereiche ermittelt werden. Dabei kann es sinnvoll sein, zur Risikosuche entlang der Wertschöpfungskette vorzugehen. Durch weitere Unterteilung nach Teilprozessen oder Aktivitäten kann die Vollständigkeit und die Berücksichtigung von Interdependenzen gewährleistet werden.[17]

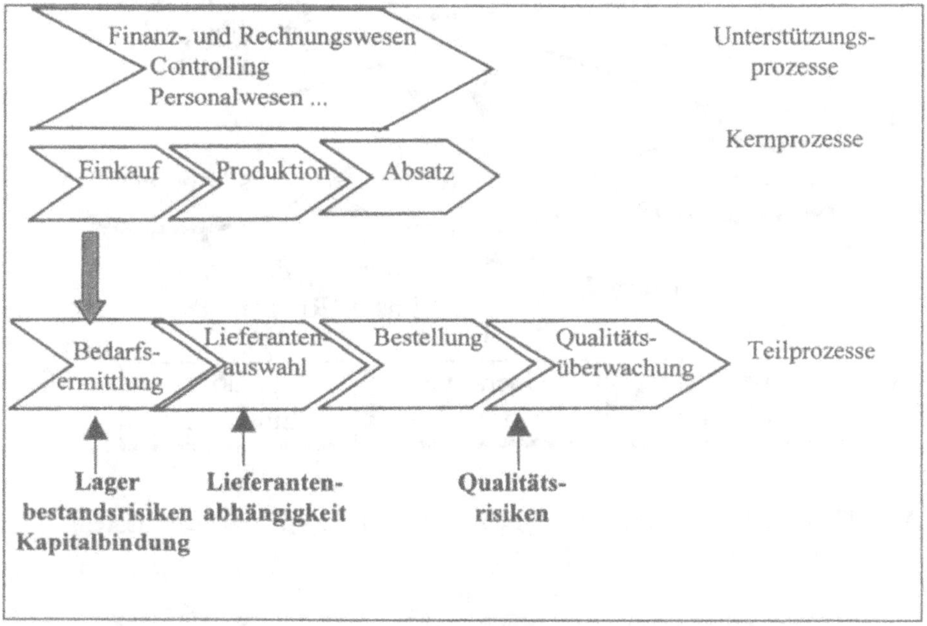

Abb. 26: Risikosuche entlang der Wertschöpfungskette
(Quelle: Hornung; Reichmann; Diederichs, Risikomanagement, 1999, S. 320.)

Die Abb. 26 gibt ein Beispiel für die Risikosuche entlang der Wertschöpfungskette. Der Top-Down-Ansatz führt zu einer Vorstrukturierung der Suche. Ihr folgt die spezifische Risikoidentifikation durch ein Bottom-Up-Vorgehen (vgl. Abb.

17 Vgl. Vogler; Gundert, Risikomanagementsystem, 1998, S. 2380.

26). Diese Vorgehensweise sorgt dafür, daß auch scheinbar unbedeutende Risiken einbezogen werden. Operative Geschäftseinheiten nehmen diese Aufgabe wahr, weil die Mitarbeiter vor Ort wissen, welche Risiken typischerweise in ihrem Bereich auftreten.[18]

Zur Risikoidentifizierung stehen Methoden wie moderierte Workshops[19] oder Brainstorming zur Verfügung.[20] Nach entsprechender Verfeinerung der einzelnen Risiken können Checklisten angefertigt werden, um die relevanten Risiken dauerhaft im „Auge" zu haben.

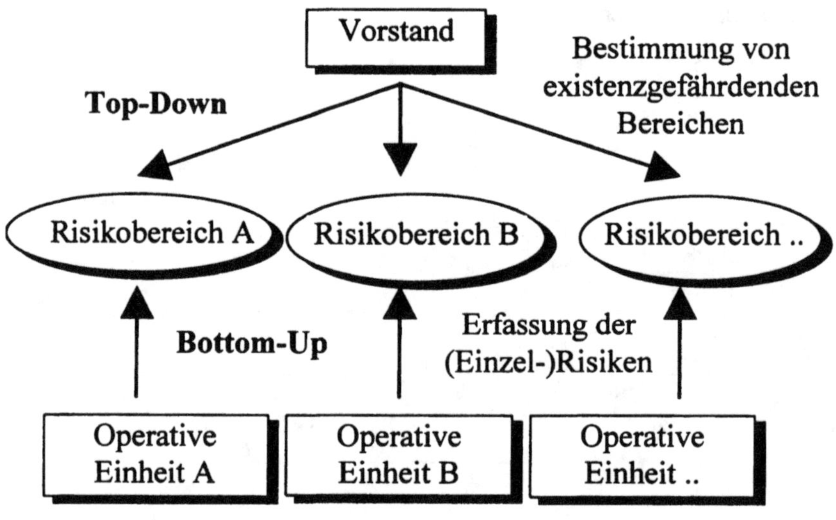

Abb. 27: Vorgehensweise zur Ermittlung von existenzgefährdenden Risiken

18 Vgl. Vogler; Gundert, Risikomanagementsystem, 1998, S. 2380.

19 Bei der Deutschen Post AG wurden zwei jeweils halbtägige Workshops auf der Ebene der Führungskräfte der ersten und zweiten Ebene durchgeführt. Vgl. Helmke; Risse, Risikomanagement, 1999, S. 279.

20 Vgl. Füser; Gleißner; Meier, Risikomanagement, 1999, S. 754.

III. Weiterentwicklung des vorhandenen Risikomanagements zum prüfungsfähigen Risikomanagementsystem

Um die gesetzliche Verpflichtung des KonTraG zu erfüllen, müssen die Maßnahmen zur Risikohandhabung in den zuvor ermittelten Risikobereichen so zu einem Risikomanagementsystem weiterentwickelt werden, daß dieses sich der Abschlußprüfung unterziehen und testiert werden kann.[21]

1. Bestandsaufnahme

Nach der Ermittlung der wesentlichen Risikobereiche gilt es zu untersuchen, welche Instrumente zur Risikohandhabung in diesen Bereichen bereits vorhanden sind. Zumindest in größeren (börsennotierten) Unternehmen existieren erfahrungsgemäß zahlreiche Maßnahmen zur Risikoerfassung und Risikobearbeitung, aber auch mittelständische Unternehmen müssen nicht immer von Grund auf neu beginnen.

Zunächst ist zu prüfen, ob die übergeordneten Unternehmensziele den Mitarbeitern bekannt sind. Insbesondere in mittelständischen Unternehmen ist es oftmals so, daß eine hierzu ausgearbeitete Unternehmensstrategie nur in den Köpfen der Geschäftsleitung existiert und die hierarchisch untergeordneten Mitarbeiter kaum Kenntnis davon haben. Deshalb ist es wichtig, allen Mitarbeitern die Unternehmensziele transparent zu machen, da jeder einzelne Mitarbeiter in seinem Bereich mit potentiellen Risiken konfrontiert ist, die negative Auswirkungen auf überge-

[21] Daneben ist es natürlich auch sinnvoll, in den als weniger risikogefährdend eingestuften Bereichen das vorhandene Risikomanagement ebenso weiterzuentwickeln. Diese flächendeckende Umsetzung kann beispielsweise nach der erfolgreichen Implementierung des Systems in den wesentlichen Risikobereichen in einem zweiten Durchgang erfolgen. Vgl. dazu das 3-Phasen-Konzept von Vogler; Gundert, Risikomanagementsystem, 1998, S. 2380.

ordnete Unternehmensziele haben können. Weiterhin ist zu prüfen, ob innerhalb der Unternehmensstrategie bereits explizit oder implizit Aussagen über den Umgang mit unternehmerischen Risiken enthalten sind.

Im Anschluß daran findet bezüglich der als besonders risikorelevant eingestuften Bereiche eine Untersuchung statt, welche Maßnahmen zum Umgang mit Risiken bereits vorhanden sind. Dazu empfiehlt sich eine Vorgehensweise entlang des Risikomanagementprozesses, d. h., es wird ermittelt, welche Instrumente zur Risikoerfassung, zur Risikobeurteilung, zur Risikosteuerung sowie zur Risikoüberwachung bereits Anwendung finden. Ein Teil dieser bereits vorhandenen Instrumente wird jedoch nicht unter der expliziten Bezeichnung Risikomanagement angewandt, sondern „firmiert" unter den mit dem Risikomanagement verbundenen Bereichen wie Controlling, Qualitätsmanagement, Umweltmanagement, Werkschutz oder ähnlichem. Beispielsweise sind innerhalb des Qualitätsmanagementsystems bestehende Regelungen wie etwa Verfahrensanweisungen nicht nur ein Mittel zur Qualitätssicherung, sondern auch ein Instrument zur Risikovermeidung. Daher ist es wichtig, innerhalb der Bestandsaufnahme alle über das gesamte Unternehmen verteilten risikopolitischen Maßnahmen bezüglich der zuvor ermittelten Risikobereiche zusammenzutragen.

Im Überblick stellen sich folgende mögliche Fragen, die innerhalb der Bestandsaufnahme zu klären sind:

- Sind die übergeordneten Unternehmensziele den Mitarbeitern bekannt?
- Existieren allgemeine risikopolitische Grundsätze?
- Gibt es eine spezifische Risikostrategie für diesen Bereich?
- Gibt es ein Limitsystem, das festlegt, bis zu welcher Höhe Risiken eingegangen werden dürfen?
- Welche Maßnahmen werden zur Risikoerfassung eingesetzt?
- Gibt es ein spezifisches Frühwarnsystem für diesen Bereich?

- Welche risikopolitischen Maßnahmen werden bereits eingesetzt? (z. B. Versicherungen)
- Wie erfolgt die Risikobewertung? Werden Interdependenzen berücksichtigt?
- Verfügen die Mitarbeiter über ausreichendes Know-how zur Risikobeurteilung?
- Existiert ein funktionsfähiges Reporting? Sind hierzu Schwellenwerte festgelegt?
- Erfolgt eine Risikokontrolle? Welche Kontrollmaßnahmen werden hierzu angewandt?
- Sind Kompetenzen und Verantwortlichkeiten hinsichtlich der Risikoerfassung, Risikobewertung, Risikosteuerung und Risikokontrolle eindeutig geregelt?
- Verfügen die Mitarbeiter über ausreichendes Risikobewußtsein?
- Wurde schon einmal eine Prüfung des Risikomanagements in diesem Bereich durch die Interne Revision vorgenommen? Existieren hierzu noch Unterlagen?
- Inwieweit sind die bereits bestehenden Instrumentarien schon dokumentiert? (z. B. im Rahmen eines Qualitätsmanagement-Handbuchs).[22]

2. Überprüfung der vorhandenen Instrumente

Als nächster Schritt sind die in der Bestandsaufnahme ermittelten Instrumente zur Risikohandhabung auf Vollständigkeit und Zweckmäßigkeit hin zu überprüfen. Daraus ergibt sich eine Unterteilung der Überprüfung in eine formale und eine inhaltliche Komponente. Die formale Überprüfung bezieht sich auf die Überprüfung der Vollständigkeit der Instrumente (z. B. Prüfung auf ausreichende Regelungen der Verantwortungsbereiche), während die inhaltliche Überprüfung auf die

22 Vgl. eine ähnliche Checkliste bei BDO, KonTraG, 1998, S. 74 – 76.

Angemessenheit und Zweckmäßigkeit abzielt (Sind die Regelungen der Verantwortlichkeiten so gestaltet, daß das Prinzip der Funktionstrennung beachtet wird?).

Die Überprüfung geschieht ebenso entlang des Risikomanagementprozesses, um sicherzustellen, alle notwendigen Abläufe des Risikomanagements einzubeziehen. Es geht um einen Vergleich zwischen den Soll-Anforderungen an das Risikomanagement und der Ist-Situation.

Die Ziele des KonTraG-Risikomanagements erfordern das rechtzeitige Erkennen von krisenhaften Entwicklungen, um dann durch geeignete Maßnahmen den Eintritt einer Unternehmenskrise zu verhindern. Somit überprüft man das risikopolitische Instrumentarium im einzelnen als auch im ganzen daraufhin, ob es geeignet ist, das Unternehmen vor einer Krise zu bewahren. Daneben zielen Unternehmen, die aufgrund gesetzlicher oder vertraglicher Verpflichtung das Risikomanagementsystem einer Überprüfung durch den Wirtschaftsprüfer unterziehen müssen, darauf ab, das Risikomanagementsystem den erwarteten Anforderungen anzupassen, so daß es testiert werden kann. Dabei dient der vom IDW verabschiedete Prüfungsstandard zur Prüfung von Risikofrüherkennungssystemen (IDW PS 340) als Leitfaden[23].

Obwohl die Maßnahmen zur Risikobewältigung nicht Gegenstand der Abschlußprüfung sind, so sollten auch diese intern überprüft werden, da unzureichende oder unzweckmäßige Risikobewältigung wieder Ausgangspunkt für neue Risiken sein kann.

Neben dem formalen und inhaltlichen Aspekt ist auch der zeitliche Aspekt zu beachten. Es muß überprüft werden, ob die zeitlichen Abstände zwischen den Maßnahmen zur Risikoerfassung und -bearbeitung angemessen sind. Während es beispielsweise bei strategischen Risiken ausreichend ist, eine jährliche Risikoin-

---

[23] Vgl. IDW PS 340, Risikofrüherkennungssystem, 1999, S. 658 ff.

ventur durchzuführen, erfordern beispielsweise finanzielle Risiken von Derivaten unter Umständen eine tägliche Berichterstattung.

Auch im Rahmen der Beurteilung der vorhandenen Instrumente kann die Hilfe der Internen Revision in Anspruch genommen werden, wenn diese bereits entsprechende Prüfungen in der Vergangenheit durchgeführt hat. Falls die Überprüfung ergibt, daß die vorhandenen Instrumentarien unvollständig oder unangemessen sind, schließen sich Ergänzungen oder Veränderungen an. Insbesondere mittelständische Unternehmen haben hier zum Teil noch einen erheblichen Nachholbedarf.[24] Neben Sofortmaßnahmen zur Bewältigung von akuten Risiken sind vor allem auch technische, organisatorische oder personelle Maßnahmen (z. B. Brandschutzmaßnahmen, Verfahrensanweisungen, Mitarbeiterqualifizierung) erforderlich, um die wesentlichen Risiken dauerhaft unter Kontrolle zu haben.[25]

Eine besondere Bedeutung kommt der Berücksichtigung der Interdependenzen zwischen den einzelnen Risiken zu. Folglich muß sichergestellt sein, daß eine zentrale, unabhängige Abteilung mit dem Risiko-Controlling beauftragt wird, die die Risikokoordination vornimmt.[26]

3. Integration des Risikomanagementsystems

Wenn die in der Bestandsaufnahme ermittelten Instrumente auf ihre Funktionsfähigkeit überprüft und entsprechende Ergänzungen vorgenommen worden sind, steht die Integration des Risikomanagementsystems in die bestehenden Planungs- und Berichtssysteme an.[27] Das Ziel besteht in der Zusammenfassung der vorhan-

---

24 Vgl. Reh, Defizit, 1998, S. 12.

25 Vgl. Brebeck; Herrmann, Frühwarnsystem, 1997, S. 383.

26 Vgl. Brebeck; Herrmann, Frühwarnsystem, 1997, S. 389.

27 Nach Guserl zeichnet sich ein professionelles Risikomanagement durch Integration in das Unternehmen, systematische Durchführung, Führungsaufgabe für alle Berei-

denen Elemente zur Risikoerfassung und Risikobearbeitung zu einem geschlossenen System. Das Ziel würde verfehlt, wenn das Risikomanagement lediglich als ein isoliertes, parallel zu den eigentlichen Geschäftsprozessen verlaufendes System installiert würde.[28]

Das Risikomanagement muß nicht zwingend aufbauorganisatorisch in einer separaten Abteilung, einem zentralen Risiko-Manager oder in einem Risikomanagementgremium verankert werden.[29] Es ist vielmehr möglich, das Risikomanagementsystem sowohl mit einer neuen Organisationseinheit zu verbinden als auch einem bereits bestehenden Funktionsbereich, besonders der Internen Revision und dem Controlling[30], zu übertragen.[31] Einem (zentralen) Risikocontrolling kommt die Funktion zu, das Risikomanagement mit Informationen zu versorgen und eine Koordination der einzelnen Risikomanagementsysteme vorzunehmen.[32]

Falls das Risikomanagement nicht in die vorhandenen Organisationseinheiten integriert werden soll, bietet es sich nach Schitag an, das Risikomanagement als Stabsstelle direkt unter dem Vorstand anzusiedeln.[33] Für mittelständische Unter-

---

che, eine adäquate Risikokultur und ein effektives Maßnahmencontrolling aus. Vgl. Guserl, R.: Controllingsystem und Risiko-Management bei projektorientierten Unternehmen, in: Controlling, Jg. 1999, H. 8/9, S. 429.

28 Vgl. KPMG, Risikomanagement, 1998, S. 17.

29 Zu dem organisatorischen Regelungsbedarf zählen auch die Verantwortlichkeiten eines Risikomanagers, die Verbindungen zu anderen Unternehmensbereichen, die Mitwirkungspflichten der Fachabteilungen, die Information der Beteiligten, die Dokumentationsstandards und die Aufwendungen für das Projekt. Vgl. Schitag, Risikomanagement, 1998, o. S.

30 So z. B. Lehner; Schmidt, Risikomanagement, 2000, S. 266; vgl. auch Schneider, T.: Aufgaben des Controlling im Rahmen des Risikomanagement, in: Controller Magazin, Jg. 1999, S. 115; Bitz im Sinne der laufenden Kontrolle der Wirksamkeit der Risikohandhabung, Risikomanagement, 2000b, S. 61.

31 Vgl. Kuhl; Nickel, Risikomanagement, 1998, S. 135; Kromschröder; Lück, Unternehmensüberwachung, 1998, S. 1575; KPMG, Risikomanagement, 1998, S. 13; Lischke, T.; Kirner, H.: Einführung und Organisation eines Risikomanagementsystems, in: Controller Magazin, Jg. 2000, S. 45 - 46.

32 Vgl. Wolf; Runzheimer, Risikomanagement, 2000, S. 78 und 123.

33 Vgl. Schitag, Risikomanagement, 1998, o. S.

nehmen schlagen Bihr/Deyhle die Ernennung eines sogenannten „Risikobeauftragten“ vor.[34]

Die Verantwortung für den Aufbau, die Pflege und die Umsetzung des Risikomanagements auf der Ebene von Bereichen oder einzelnen Prozessen bleibt aber weiterhin den jeweiligen Unternehmensbereichen vorbehalten.[35] Bitz empfiehlt für die Arbeitsgruppen die Einrichtung eines Risk-Komitees, dem auch der Wirtschaftsprüfer als Moderator und die Interne Revision sowie die Rechtsabteilung angehören.[36]

Nur bei sehr kleinen Betrieben läßt sich nach Lehner/Schmidt eine zentrale Risikomanagementfunktion rechtfertigen.[37] Nach Eisele wird aber auch eine rein dezentrale Organisation den Zielen nicht gerecht.[38] Dynamische und komplexe Risikolagen sprechen für dezentrale Organisationsstrukturen.[39]

Wichtig ist die wirksame Durchführung des Risikomanagementprozesses. Inwieweit dazu eigenständige Organisationseinheiten zweckmäßig sind, hängt u. a. von der Unternehmensgröße, Struktur und Komplexität ab. Für mittelständische Unternehmen wird die Einrichtung einer eigenständigen Stelle „Risikomanagement“ – auch aus Wirtschaftlichkeitsgründen – i. d. R. nicht in Frage kommen.

Um zusätzliche Berichtsstrukturen möglichst zu vermeiden, sollte das Risikomanagementsystem generell auf vorhandene Berichtssysteme hin konzipiert werden. Wichtig ist, die wesentlichen Risiken (Risiken mit Existenzgefährdung oder mit erheblicher Auswirkung auf die Vermögens-, Finanz- und Ertragslage bzw. die

---

34 Vgl. Bihr; Deyhle, Risiko-Früherkennungs-System, 2000, S. 263.

35 Vgl. KPMG, Risikomanagement, 1998, S. 15.

36 Vgl. Bitz, Risikomanagement, 2000b, S. 63ff.

37 Vgl. Lehner; Schmidt, Risikomanagement, 2000, S. 263; anderer Ansicht Schneider, T.: Aufgaben des Controlling im Rahmen des Risikomanagement, in: Controller Magazin, Jg. 1999, S. 113.

38 Vgl. Eisele, W.: Meinungen zum Thema: Risikomanagement, in: BFuP, Jg. 2000, S. 275.

39 Vgl. Wolf; Runzheimer, Risikomanagement, 2000, S. 85 m. w. N.

Entscheidungen Dritter[40]) empfängerorientiert an die Geschäftsführung zu berichten. Hierzu dient die Erstellung entsprechender, auch für die Tochtergesellschaften und Auslandsgesellschaften einheitlicher Formblätter für die Risikokommunikation.

Wie für das Reporting typisch, müssen auch bezüglich des Risikoberichts folgende Systemfragen geklärt werden:

- Berichtszweck (Wozu?),
- Inhalt und Genauigkeit (Was?),
- Gestaltung und Präsentation (Wie?),
- Empfänger (Wer?) und
- Termine (Wann?).[41]

Einen Einblick in den grundlegenden Aufbau eines Risikoberichtes[42] gibt Abb. 28.

---

40 Für die Verwendung dieses Kriteriums innerhalb des Risikomanagements spricht sich Bartram aus. Vgl. Bartram, Risiko, 2000, S. 246.

41 Vgl. Ziegenbein, K.: Controlling, 5. überarbeitete Auflage, Ludwigshafen 1995, S. 407 f.

42 Vgl. u. a. Bihr; Deyhle, Risiko-Früherkennungs-System, 2000, S. 266.

	Risikobericht X AG		Datum: Eingang:
von: an:			
	TU 01	TU 02	Summe Euro
Risikoart gemäß Risikoartenschlüssel	Finanz-wirtschaftliche	Leistungs-wirtschaftliche	
Planjahr	Planjahr 01	Planjahr 01	
Beeinflußte GuV-Position	Finanzergebnis	Rohüberschuß	
Risikobeschreibung (Risikoursache)	Kreditlinie	Ausfall Zulieferer	
Maximales Verlustpotential	2.500.000	1.250.000	3.750.000
Eintrittswahrscheinlichkeit %	10	5	
Ergebnisauswirkung (vor Gegenmaßnahmen) im middle case	250.000	62.500	312.500
Bereits durchgeführte Gegenmaßnahmen (Art/Umfang)	0	45.000	45.000
Bereits eingeleitete Gegenmaßnahmen	150.000	17.500	167.500
wirksam ab	2. Quartal PJ 01	1. Quartal PJ 01	
Gegenläufige Einmalkosten	0	0	
geplante Gegenmaßnahmen	50.000	0	50.000
wirksam ab	1. Quartal PJ 01		
Exposure (Restrisiko)	50.000	0	50.000
Anmerkungen:			

Abb. 28: Beispiel für die Gestaltung eines Risikoberichts
(Quelle: nach Biehl, Risikomanagementsystem, 2000 S. 7f.; Eck; Rose; Ouissi, Risikomanagement, 2000, S. 91; eigene Darstellung.)

Dabei bleibt auch die Einbindung des Risikomanagementsystems in die bestehenden EDV-Systeme abzuklären. Die EDV-Unterstützung sollte dabei den folgenden Anforderungen gerecht werden:

- permanente Verfügbarkeit von risikorelevanten Informationen,
- vielseitige Auswertungen und Ermittlung aussagekräftiger Risikokennzahlen,
- Selektierbarkeit der Daten nach unterschiedlichen Kriterien und

- detaillierte oder verdichtete Darstellung der Ergebnisse. [43]

Zum Abschluß der Implementierungsphase steht eine erneute Überprüfung des Risikomanagementsystems auf Angemessenheit und Funktionsfähigkeit an. Diese Aufgabe kann die Interne Revision übernehmen.[44] Dabei geht es darum, das neue System vor der Freigabe abschließend auf Schwachstellen zu untersuchen und diese ggf. zu beseitigen. Die Anforderungen der Internen Revision an das Risikomanagementsystem - Wirksamkeit, Angemessenheit, Effizienz[45] - setzen dazu auf den Anforderungen der Abschlußprüfer auf, sie umfassen aber nicht selten darüber hinaus zusätzliche Punkte.[46] Weil in mittelständischen Unternehmen oft keine eigenständige Interne Revision vorhanden ist, obliegt es in solchen Fällen der Geschäftsführung, dieser Überwachungsaufgabe persönlich gerecht zu werden.

Die Implementierung ist in inhaltlicher Hinsicht abgeschlossen, wenn die Interne Revision die Wirksamkeit der eingerichteten Maßnahmen durch entsprechende Prüfungen bestätigt hat.[47] Für die Prüfung der Ordnungsmäßigkeit der Geschäftsführung und der wirtschaftlichen Verhältnisse nach § 53 HGrG enthält IDW PS 720 folgenden Fragenkreis:

a) „Hat die Geschäfts-/Konzerngeschäftsführung Maßnahmen ergriffen und nach Art und Umfang Frühwarnsignale definiert, mit deren Hilfe bestandsgefährdende Risiken rechtzeitig erkannt werden können?

b) Reichen diese Maßnahmen aus und sind sie geeignet, ihren Zweck zu erfüllen?

---

43 Vgl. Scharpf, Risikomanagement- und Überwachungssystem, 1997, S. 742.

44 Vgl. Kromschröder; Lück, Unternehmensüberwachung, 1998, S. 1576.

45 Vgl. KPMG, Risikomanagement, 1998, S. 26.

46 Die Interne Revision ist natürlich auch ein Element des umfassenden Risikomanagementsystems und daher selbst ein Gegenstand der Abschlußprüfung nach § 317 Abs. 4 HGB.

47 Nach der Implementierungsphase sollte die Interne Revision in regelmäßigen Abständen durch Systemprüfungen und Stichprobenprüfungen die dauerhafte Funktionsfähigkeit des Risikomanagements überwachen, vgl. Kromschröder; Lück, Unternehmensüberwachung, 1998, S. 1576.

c) Sind diese Maßnahmen ausreichend dokumentiert? Wird deren Beachtung und Durchführung in der Unternehmenspraxis sichergestellt?

d) Werden diese Frühwarnsignale und Maßnahmen kontinuierlich und systematisch mit den aktuellen Geschäftsprozessen und Funktionen abgestimmt und angepasst?"[48]

IV. Die Dokumentation des Risikomanagementsystems im Risikomanagement-Handbuch

Die Prüfbarkeit des Risikomanagementsystems setzt voraus, daß es in geeigneter Weise dokumentiert ist. Im Rahmen der Konzeption und Umsetzung des Risikomanagementsystem liegt es nahe, zugleich die Dokumentation zu erstellen. Dies wird regelmäßig in Form eines sogenannten Risikomanagement-Handbuchs (Risikohandbuch) erfolgen.[49]

1. Funktionen des Risikomanagement-Handbuchs

Die Dokumentation des Risikomanagementsystems in einem Handbuch erfüllt im Hinblick auf das KonTraG folgende drei Funktionen:

- Rechenschaftsfunktion,
- Sicherungsfunktion und

---

48 IDW PS 720, Ordnungsmäßigkeit, Tz. III. (16) Fragenkreis 6: Risikofrüherkennungssystem.

49 So auch die Empfehlung des IDW, vgl. IDW, Risikofrüherkennungssystem, 1999, Nr. 3.6 (17); DRSC, E-DRS 5, 2000, Ziffer 28 sowie Pollanz, Risikomanagement, 1999, S. 397, Bitz, Risikomanagement, 2000b, S. 47. Hingegen halten Vogler; Gundert eine EDV-gestützte Dokumentation für ausreichend, vgl. Vogler; Gundert, Risikomanagement, 1998, S. 2382. 59 % der von Vogler/Engelhard/Gundert befragten börsennotierten Unternehmen mit Umsätzen von mehr als 20 Mrd. DM

- Prüfbarkeitsfunktion.[50]

In der Rechenschaftsfunktion dient die schriftliche Dokumentation dem Nachweis des pflichtgemäßen Verhaltens der Unternehmensführung, wenn es zu einer akuten Krisensituation kommt. Diese Funktion gewinnt insbesondere durch die in § 91 Abs. 2 AktG kodifizierte Beweislastumkehr erhebliche Bedeutung. Danach muß der Vorstand einer Aktiengesellschaft nachweisen, daß er seine Pflichten, zu denen nun auch die Einrichtung eines Risikomangamentsystems gehört, ausreichend erfüllt hat.

Die Sicherungsfunktion besagt, daß durch die schriftliche Dokumentation des Risikomanagementsystems die Einhaltung der entsprechenden Maßnahmen sichergestellt werden soll. So ist im Handbuch festgelegt, welche Personen mit welchen Aufgaben im Rahmen des Risikomanagements beauftragt sind.

Schließlich hat die Dokumentation die Voraussetzungen dafür zu schaffen, daß das System ordnungsgemäß geprüft werden kann (Prüfbarkeitsfunktion), wobei eine Überprüfung sowohl intern durch die Interne Revision oder den Aufsichtsrat als auch extern durch den Abschlußprüfer (§ 317 Abs. 4 HGB) erfolgen kann.

Welche Anforderungen an das Risikomanagement-Handbuch zur Erfüllung der o. a. Funktionen zu stellen sind, soll im folgenden Überblick geklärt werden.

2. Anforderungen an das Risikomanagement-Handbuch

Das Risikomanagement-Handbuch erfüllt so wie die anderen Handbücher (z. B. Qualitätshandbuch, Bilanzierungshandbuch) die folgenden Anforderungen:

- übersichtliche Gliederung,

hatten Mitte 1999 bereits ein Risikohandbuch. Vogler, Engelhard, Gundert, Risikomanagementsysteme, 2000, S. 1430.

50 Vgl. Kromschröder; Lück, Unternehmensüberwachung, 1998, S. 1576.

- klare typographische Darstellung,
- einheitliches System der Beschreibungen,
- einheitliche Terminologie,
- Vermeidung von Überschneidungen und Wiederholungen,
- Herausgabe durch eine zentrale Stelle,
- laufende Aktualisierung durch Änderungsdienst bzw. Ergänzung,
- eindeutige Festlegung des Empfängerkreises und
- Erfüllung der Erfordernisse eines Nachschlagewerkes.[51]

3. Inhalt des Risikomanagement-Handbuchs

Generell sollte das Risikomanagement-Handbuch diejenigen Angaben enthalten, anhand derer sich ein sachverständiger Dritter (insbesondere der Abschlußprüfer bei prüfungspflichtigen Gesellschaften gemäß § 317 Abs. 4 HGB) in angemessener Zeit ein Bild über die Maßnahmen machen kann.[52]

Der konkrete Inhalt bzw. der Umfang des Handbuches hängt von der Größe und der Komplexität des Unternehmens ab.[53] Das Handbuch Risikomanagement der Henkel KGaA z. B. beschreibt sowohl die Prozesse der einzelnen Elemente des Risikomanagements als auch die Aufgaben, Befugnisse und die aus Risikogesichtspunkten notwendigen Funktionstrennungen in den einzelnen Bestandteilen des Gesamtsystems.[54] Für neugegründete Unternehmen und kleinere Unternehmen des Mittelstandes bieten sich Entfeinerungen bei Gliederungstiefe und Umfang sowie eine Orientierung an vorhandenen Handbüchern an.

---

[51] Vgl. Müller-Nobiling, H.-M.: Organisationshandbuch, in: Grochla, E. (Hrsg.): HWBO, 2. völlig neu gestaltete Auflage, Stuttgart 1980, Sp. 1559.

[52] Vgl. Kless, Risikomanagement, 1998, S. 94.

[53] Vgl. Pollanz, Risikomanagementsystem, 1999, S. 397.

[54] Vgl. Lehner; Schmidt, Risikomanagement, 2000, S. 268.

Zur Konzeption des inhaltlichen Aufbaus empfiehlt es sich, als Grobgerüst eine Gliederung vorzunehmen, die z. B. folgender Grundstruktur folgt:[55]

a. Allgemeiner Teil
b. Aufbauorganisation des Risikomanagementsystems
c. Ablauforganisation des Risikomanagementsystems
d. Überwachung des Risikomanagementsystems
e. Darstellung möglicher existenzgefährdender Bereiche.

Der Ansatz von Hornung, Reichmann und Diederichs sieht eine Gliederung in insgesamt neun Kapitel vor:

- Risikopolitische Grundsätze,
- Risikoorientierte Verhaltensregeln,
- Risikomanagement-Prozeß,
- Risikomanagement-Organisation,
- aktuelles Risikoprofil,
- potentielle Risiken,
- aktuelle Risk-Maps,
- bestehende Regulative und
- eingeleitete Maßnahmen mit entsprechender Begründung.[56]

Im Teil a) sind zunächst die generellen Unternehmensziele darzulegen und daraus abgeleitet die Ziele des Risikomanagements. Diese umfassen auch Aussagen bezüglich der generellen Risikoorientierung und der spezifischen Risikostrategie (Risikopolitische Grundsätze[57]). Weiterhin wird die Einordnung des Risikomanagementsystems in die Unternehmensorganisation aufgezeigt.

---

[55] Vgl. nachfolgend Pollanz, Risikomanagementsystem, 1999, S. 397 f. Bei größeren Unternehmen kann diese Darstellung auch separat für die einzelnen Unternehmensbereiche erfolgen.

[56] Vgl. Hornung et al., Risikomanagement, 1999, S. 324.

[57] Vgl. Hornung et al., Risikomanagement, 1999, S. 324.

Der Teil b) erläutert die einzelnen Komponenten des Risikomanagementsystems (z. B. Frühwarnsystem, Risiko-Controlling, Internes Überwachungssystem). Die Beschreibung der Ablauforganisation (Teil c) behandelt gezielt die einzelnen Phasen des Risikomanagementprozesses. Wichtig ist hier, eine klare Zuordnung von Aufgaben und Verantwortlichkeiten vorzunehmen und die Termine sowie Fristen festzulegen. Für die einzelnen Funktionsbereiche werden Verfahrens- und Arbeitsanweisungen erstellt, die Bestandteil des Risikomanagement-Handbuchs sind, oder es wird zumindest auf sie verwiesen.

Der Teil d) beschreibt und regelt die Überwachung des Risikomanagementsystems. Dazu enthält er die Prüfungsrichtlinien, die die Grundlage der Überprüfung und Beurteilung des Systems durch die Interne Revision[58] (und auch für den Abschlußprüfer) bilden. Diese Prüfungsrichtlinien können beispielsweise Aussagen zu Prüfungsgebieten, Prüfungsumfang, Prüfungsablauf oder Prüfungsterminen enthalten.

Im abschließenden Teil e) können unternehmensspezifische Risikobereiche dokumentiert werden, die besonders schwerwiegenden Einfluß auf das Unternehmen haben können. Hier liegt es nahe, bereits ausgearbeitete Maßnahmenpläne bei Risikoeintritt (Notfallpläne) in die Dokumentation einzubeziehen.

Behre und Nöcker schlagen im Vergleich mit diesen Konzeptionen eine wesentlich tiefergehende Gliederung des Risikohandbuches[59] vor, die Impulse von existierenden Qualitätshandbüchern[60] erkennen läßt:

---

[58] Vgl. zu den Aufgaben der Internen Revision bei Aufbau, Betrieb und Überwachung von Risikomanagementsystemen IIR-Arbeitskreis, RMS, 1999, S. 195f.

[59] Vgl. Behre, W.; Nöcker, G.: Risikomanagement nach KonTraG, in: BBK - Betrieb und Rechnungswesen, Fach 28, S. 1232.

[60] So auch bei Wolf; Runzheimer , Risikomanagement, 2000, S. 128.

1.	**Vorwort**
1.1.	Aufgaben des Risikomanagementsystems
1.2	Verankerung des Risikomanagementsystems in der Unternehmenskultur
1.3	Anwendungsbereiche der Richtlinie
2.	**Bestandteile des Risikomanagementsystems i. w. S. und des Risikomanagementsystems i. e. S.**
3.	**Grundprinzipien des Risikomanagementsystems**
3.1.	Legalitätsprinzip und Aktualisierung der Datenbestände
3.2.	Dokumentations- und Informationsprinzip
3.3.	Funktionstrennungsprinzip
3.4.	Vier-Augen-Prinzip
4.	**Risikomanagementsystem i. w. S.**
4.1.	Risikomanagementsystem und organisatorische Sicherungsmaßnahmen
4.1.1.	Controlling, Planungs- und Berichtswesen
4.1.2.	Richtlinien, Arbeitsanweisungen, Betriebshandbücher
4.1.3.	Generelle Aufsichtspflichten
4.1.4.	EDV-Systemvorgaben
4.2.	Prozeßunabhängige Überwachung
4.2.1.	Interne Revision
4.2.2.	Jahresabschlußprüfung
5.	**Risikomanagementsystem i. e. S.**
5.1.	Risk-Map
5.1.1.	Risikodefinition
5.1.2.	Ordnungsmerkmale
5.1.2.1.	Risikonummer
5.1.2.2.	Erfassungs- und Aktualisierungsdatum
5.1.3.	Risikolokalisierung
5.1.4.	Risikolandschaft
5.1.4.1.	Risikogruppe
5.1.4.2.	Risikobezeichnung
5.1.4.3.	Detailbeschreibung des Risikos
5.1.5.	Risikoprofil mit Schadenshöhe in DM pro Vorgang
6.	**Organisation des Risikomanagementsystems i. e. S.**
7.	**Berichterstattung an die Unternehmensleitung**
8.	**Anhänge**

Zur Anfertigung des Risikohandbuchs können bereits bestehende Dokumentationen (z. B. Qualitätsmanagement-Handbuch, Revisionshandbuch) herangezogen werden, wenn diese auch für das Risikomanagementsystem relevante Bestandteile enthalten.[61] In der Literatur findet sich auch der Ansatz, in das Risikomanagement-Handbuch auch eine aktuelle Sammlung der relevanten Beschlußfassungen der Risikosteuerungsgremien aufzunehmen.[62]

---

61 Vgl. Kuhl; Nickel, Risikomanagement, 1999, S. 135.

62 Vgl. Hornung et al., Risikomanagement, 1999, S. 324.

F. Fazit

Ausgangspunkt dieser komprimierten Darstellung von Risikomanagementsystemen ist die durch das KonTraG für Aktiengesellschaften und vergleichbare Gesellschaften mit beschränkter Haftung eingeführte Verpflichtung, ein Risikofrüherkennungssystem einzuführen, das es erlaubt, etwaig vorhandene, den Fortbestand der Gesellschaft gefährdende Entwicklungen frühzeitig zu erkennen. Da der Gesetzgeber das Risikomanagementsystem nicht näher gesetzlich konkretisieren wollte, besteht in Praxis und Wissenschaft Klärungsbedarf über die konkrete (Mindest-)Ausgestaltung, die notwendig ist, um die Anforderungen des KonTraG zu erfüllen.

Das Gesetz trägt der Tatsache Rechnung, daß unternehmerisches Handeln untrennbar mit dem Eingehen von Risiken verbunden ist. Risiken im betriebswirtschaftlichen Sinne umfassen sowohl negative als auch positive Zielabweichungen. Gesetz und Gesetzesbegründung verlangen ja keinesfalls, daß keine risikobehafteten Geschäfte mehr eingegangen werden sollen. Der Gesetzgeber zielt im Gegenteil auf eine systematische, regelmäßige und für Dritte nachvollziehbare Vorgehensweise, die gewährleisten soll, daß Schadensfälle, die die Existenz des Unternehmens ernsthaft bedrohen können, frühzeitig, d. h. rechtzeitig, aufgespürt und analysiert werden.

Damit verbindet sich die Hoffnung, daß ein Risikomanagementsystem in Verbindung mit den weiteren durch das KonTraG vorgenommenen Neuregelungen, w. z. B. die Darstellung der Risiken der künftigen Entwicklung im Lagebericht, die Prüfung des Risikomanagementsystems und die Risikoberichterstattung durch den Abschlußprüfer, die Zahl unvorhergesehener spektakulärer Unternehmenskrisen verringert. Ob sich diese Hoffnung erfüllen wird, kann nur die weitere Zukunft erweisen.

Die erste spektakuläre Insolvenz nach Inkrafttreten des KonTraG - Philipp Holzmann AG im November 1999 - läßt Skepsis angeraten lassen, auch wenn zu berücksichtigen ist, daß die vom Abschlußprüfer zu beachtenden Prüfungsvorschriften erst auf nach dem 31.12.1998 beginnende Geschäftsjahre anzuwenden sind[1]. Das Unternehmen offenbarte sich quasi über Nacht, i. w. als Folge von Verlusten im Projektgeschäft, als „heillos" überschuldet. Das in diesem Unternehmen eingesetzte Risikomanagementsystem und die Überwachungsorgane der Gesellschaft, besonders der Aufsichtsrat, waren augenscheinlich nicht in der Lage, die Existenzbedrohung frühzeitig zu erkennen. Nach Angaben des ehemaligen Vorstandes Finanzen wurde erst seit 1996 ein Controlling-System aufgebaut, das noch zu einem Risikomanagement ergänzt werden sollte.[2]

Dieser Einzelfall untermalt bereits zu diesem frühen Zeitpunkt nach Inkrafttreten des KonTraG die Einbeziehung der Funktionsfähigkeit des Risikomanagementsystems in die Abschlußprüfung für Unternehmen, deren Aktien im amtlichen Handel notiert sind. Es besteht unseres Erachtens nach überdies ein weitergehender Handlungsbedarf, Unternehmen am Neuen Markt wegen der für sie typischen besonders risikobehafteten Geschäftstätigkeit in diese Prüfungspflicht einzubeziehen.

Risiken können meistens nicht völlig vermieden werden, jedoch müssen sie so gesteuert werden, daß das Unternehmen dauerhaft seine Existenz erhalten und seine sonstigen Ziele erreichen kann. Dazu leistet ein funktionsfähiges Risikomanagement einen erheblichen Beitrag. Selbstverständlich gibt auch ein Risikomanagementsystem keine Garantie zur Verhinderung jeglicher Unternehmenskrisen. Jedoch lassen sich bei entsprechender Wirksamkeit krisenhafte Entwicklungen

---

1 Vgl. Böcking; Orth, Risikomanagement, 2000, S. 243.

2 Vgl. Klee, R. in: Börsen-Zeitung, Ausgabe vom 20.11.1999, S. 11; und Böcking; Orth, Risikomanagement, 2000, S. 242.

frühzeitiger erkennen. Dies erlaubt es, auch solche Gegenmaßnahmen zu ergreifen, die eine längere Vorlaufzeit benötigen.

Ein Nebeneffekt des KonTraG ist die intensive Diskussion um ein umfassend verstandenes betriebliches Risikomanagement. Aufgrund einer fehlenden Präzisierung dieses Begriffs bestehen noch zahlreiche unterschiedliche Auffassungen darüber, wie das Risikomanagementsystem ausgestaltet sein sollte. Daher wird auch in der Zukunft das Risikomanagement im Mittelpunkt von Forschung und Praxis stehen. Letztlich wird die konkrete Ausgestaltung des Risikomanagements von den spezifischen Unternehmensbedingungen abhängig sein. Zu diesen strukturellen Determinanten zählen u.a. die Unternehmensgröße, das Alter, die Organisation, der Internationalisierungsgrad und die Branchenzugehörigkeit.

In der betrieblichen Umsetzung der instrumentellen Aspekte wie Frühwarnsystem, Controlling und internes Überwachungssystem darf nicht vergessen werden, daß auch ein entsprechendes Risikobewußtsein aller Mitarbeiter erforderlich ist, um die dauerhafte Funktionsfähigkeit eines Risikomanagementsystems zu gewährleisten. In der Praxis herrscht hinsichtlich der Implementierung eines Risikomanagements zum Teil Nachholbedarf und/oder Anpassungsbedarf. Auch langjährig erfolgreich geführte Großunternehmen sollten das KonTraG zum Anlaß nehmen, ihr bestehendes Risikomanagementsystem regelmäßig zu überprüfen und zu verbessern.

Zu wünschen bleibt, daß durch das KonTraG und die damit verbundene Diskussion des betrieblichen Risikomanagementsystems zahlreiche weitere, insbesondere vom KonTraG nicht betroffene mittelständische Unternehmen den Nutzen eines Risikomanagements erkennen und daher freiwillig ein entsprechendes Risikomanagementsystem einrichten.

Literaturverzeichnis

Albach, H.: Finanzierungspolitik mittelständischer Unternehmen, in: Gerke, W.; Steiner, M. (Hrsg.), Handwörterbuch des Bank- und Finanzwesens, 2. Auflage, Stuttgart 1995, Sp. 674 -681.

Albach, H. (Schriftl.): Corporate Governance, ZfB, Ergänzungsheft 1/2000.

Altmeppen, H.: Die Auswirkungen des KonTraG auf die GmbH, in: Zeitschrift für Unternehmens- und Gesellschaftsrecht, Jg. 1999, S. 291 - 313.

Ansoff, H. I.: Managing Surprise and Discontinuity - Strategic Response to Weak Signals, in: ZfbF, Jg. 1976, S. 129 - 152.

Baetge, J.; Armeloh, K.-H.; Schulze, D.: Empirische Befunde über die Qualität der Geschäftsberichterstattung börsennotierter deutscher Kapitalgesellschaften, in: DStR, Jg. 1997, S. 212 – 219.

Baetge, J.; Jerschensky, A.: Frühwarnsysteme als Instrumente eines effizienten Risikomangement und – Controlling, in: Controlling, Jg. 1999, S. 171 – 176.

Baetge, J.; Schulze, D.: Möglichkeiten der Objektivierung der Lageberichterstattung über “Risiken der künftigen Entwicklung”, in: DB, Jg. 1998, S. 937 – 948.

Bartram, S. M.: Finanzwirtschaftliches Risiko, Exposure und Risikomanagement von Industrie- und Handelsunternehmen, in: WiSt, Jg. 2000, H. 5, S. 242 - 249.

BDO Deutsche Warentreuhand Aktiengesellschaft (Hrsg.): Auswirkungen des Gesetzes zur Kontrolle und Transparenz im Unternehmensbereich (KonTraG) und des Kapitalaufnahmeerleichterungsgesetzes (KapAEG), o. O. 1998.

Bea, F. X.; Haas, J.: Möglichkeiten und Grenzen der Früherkennung von Unternehmenskrisen, in: WiSt, Jg. 1994, S. 486 – 491.

Bea, F. X.; Kötzle, A.: Ursachen von Unternehmenskrisen und Maßnahmen zur Krisenvermeidung, in: DB, Jg. 1983, S. 565 – 571.

Becker, G. M.: Value at Risk-Modelle für das Finanzrisiko-Management, in: WISU, Jg. 1998, S. 392 – 396.

Behre, W.; Nöcker, G.: Risikomanagement nach KonTraG, in: BBK - Betrieb und Rechnungswesen, Fach 28, Jg. 2000, S. 1229 - 1232.

Biehl, W.: Umsetzung eines Risikomanagementsystems im Goldschmidt-Konzern, in: agplan Informations-Dienst, Jg. 2000, H. 1, S. 1 - 14.

Bihr, D.; Deyhle, A.: Risiko-Früherkennungs-System, in: Controller Magazin, Jg. 2000, S. 262 - 269.

Bitz, H.: Abgrenzung des Risiko-Frühwarnsystems i.e.S. nach KonTraG zu einem umfassenden Risiko-Managementsystem im betriebswirtschaftlichen Sinn, in: BFuP, Jg. 2000a, S. 231 - 241.

Bitz, H.: Risikomanagement nach KonTraG, Einrichtung von Frühwarnsystemen zur Effizienzsteigerung und zur Vermeidung persönlicher Haftung, Stuttgart 2000b.

Böcking, H.-J.; Orth, C.: Risikomanagement und das Testat des Abschlußprüfers, in: BFuP, Jg. 2000, S. 242 - 260.

Braun, H.: Risikomanagement – Eine spezifische Controllingaufgabe, Darmstadt 1984.

Brebeck, F.; Herrmann, D.: Zur Forderung des KonTraG-Entwurfs nach einem Frühwarnsystem und zu den Konsequenzen für die Jahres- und Konzernabschlußprüfung, in: WP, Jg. 1997, S. 381 – 391.

Bundesministerium für Wirtschaft (Hrsg.): Unternehmensgrößenstatistik (1992/93) - Daten und Fakten, Bonn 1993.

Bundesministerium für Wirtschaft (Hrsg.): Unternehmensgrößenstatistik (1997/98) - Daten und Fakten, Bonn 1997.

Deutsche Börse AG: Regelwerk Neuer Markt, Frankfurt am Main 1998.

Deutsche Bundesbank (Hrsg.): (Jahresabschlüsse) westdeutscher Unternehmen 1971 bis 1991, Frankfurt am Main 1993.

Deutsche Bundesbank (Hrsg.): (Monatsbericht) November (1995), Frankfurt am Main 1995.

Dörner, D.: Ändert das KonTraG die Anforderungen an den Abschlußprüfer, in: DB, Jg. 1998, S. 1 – 8.

Dörner, D.; Bischof, S.: Zweifelsfragen zur Berichterstattung über die Risiken der künftigen Entwicklung im Lagebericht, in: WP, Jg. 1999, S. 445 – 455.

Drexel, G.: Ein Frühwarnsystem für die Praxis – dargestellt am Beispiel eines Einzelhandelsunternehmens, in: ZfB, Jg. 1984, S. 89 – 105.

DRSC Entwurf Deutscher Rechnungslegungsstandard: Risikoberichterstattung von Kredit- und Finanzdienstleistungsinstituten (E-DRS 5-10), hyperlink http://www.drsc.de/ger/standards/e-drs/5-10.html, vom 28.3.2000.

DRSC Entwurf Deutscher Rechnungslegungsstandard Nr. 5: Risikoberichterstattung (E-DRS 5), vom 24.11.2000.

Eck, P.; Rose, C.; Ouissi, M. J.: Risikomanagement und Bilanzsimulation, - Integrationslösungen am Beispiel der Aktiv Bau AG, in: Controlling, Jg. 2000, H. 2, S. 85 - 93.

Eggemann, G.; Konradt, T.: Risikomanagement nach KonTraG aus dem Blickwinkel des Wirtschaftsprüfers, in: Betriebs-Berater, Jg. 2000, S. 503 - 509.

Eisele, W.: Meinungen zum Thema: Risikomanagement, in: BFuP, Jg. 2000, S. 273 – 286.

Emmerich, G.: Risikomanagement in Industrieunternehmen - gesetzliche Anforderungen und Umsetzung nach dem KonTraG, in: ZfbF, Jg. 1999, H. 11, S. 1075 - 1089.

Ernst, C.: KonTraG und KapAEG sowie aktuelle Entwicklungen zur Rechnungslegung und Prüfung in der EU, in: WP, Jg. 1998, S. 1025 – 1042.

Förschle, G.; Glaum, M.; Mandler, U.: Gesetz zur Kontrolle und Transparenz im Unternehmensbereich: Umfrage unter Führungskräften börsennotierter Unternehmungen, in: DB, Jg. 1998, S. 889 – 895.

Förschle, G.; Helmschrott, H.: Der Neue Markt an der Frankfurter Wertpapierbörse, in: WPK-Mitteilungen, Jg. 1997, H. 3, S. 188 - 194.

Fröhling, O.: KonTraG-konformes Segmentcontrolling und -reporting, in: Controller Magazin, Jg. 2000, S. 52 - 62.

Füser, K.; Gleißner, W.; Meier, G.: Risikomanagement (KonTraG) – Erfahrungen aus der Praxis, in: DB, Jg. 1999, S. 753 – 758.

Gabele, E.: Ansatzpunkte für ein betriebswirtschaftliches Krisenmanagement, in: ZfO, Jg. 1981, S. 150 – 158.

Gälweiler, A.: Strategische Unternehmensführung, 2. Auflage, Frankfurt am Main 1990.

Giese, R.: Die Prüfung des Risikomanagements einer Unternehmung durch den Abschlußprüfer gemäß KonTraG, in: WP, Jg. 1998, S. 451 – 458.

Glaum, M.; Förschle, G.: Finanzwirtschaftliches Risikomanagement in deutschen Industrie- und Handelsunternehmen, in: Der Betrieb, Jg. 2000, H. 12, S. 581 - 585.

Gleißner, W.; Füser, K.: Moderne Frühwarn- und Prognosesysteme für Unternehmensplanung und Risikomanagement, in: Der Betrieb, Jg. 2000, H. 19, S. 933 - 941.

Gleißner, W.; Meier, G.: Risikoaggregation mittels Monte-Carlo-Simulation, in: VW, Jg. 1999, S. 926 – 929.

Grochla,. E. (Hrsg.): HWO, 2. völlig neu gestaltete Auflage, Stuttgart 1980.

Guserl, R.: Controllingsystem und Risiko-Management bei projektorientierten Unternehmen, in: Controlling, Jg. 1999, H. 8/9, S. 425 - 430.

Hahn, D.: Risiko-Management – Stand und Entwicklungstendenzen, in: ZfO, Jg. 1987, S. 137 – 150.

Hahn, D.; Krystek, U.: Betriebliche und überbetriebliche Frühwarnsysteme für die Industrie, in: ZfbF, Jg. 1979, S. 76 – 88.

Hauschildt, J.: Aus Schaden klug, in: Manager-Magazin, Jg. 1983, Heft 10, S. 142 – 152.

Helmke, S.; Risse, R.: Chancen- und Risikomanagement im Konzern Deutsche Post AG, in: krp-Kostenrechnungspraxis, Jg. 1999, S. 277 - 283.

Hofmann, R.: Interne Revision, Aufgaben, in: Coenenberg, A. G.; Wysocki, K. (Hrsg.), HWR, 2. neugestaltete und ergänzte Auflage, Stuttgart 1994, Sp. 855 – 864.

Hommel, U.: Meinungen zum Thema: Risikomanagement, in: BFuP, Jg. 2000, S. 273 – 286.

Hommelhoff, P.; Mattheus, D.: Corporate Governance nach dem KonTraG, in: AG, 43. Jg. 1998, S. 249 – 259.

Hommelhoff, P.; Mattheus, D.: Meinungen zum Thema: KonTraG – Mehr Kontrolle und Transparenz ?, in: BFuP, Jg. 1999, S. 437 – 453.

Hommelhoff, P.; Mattheus, D.: Risikomanagement im Konzern - ein Problemaufriß, in: BFuP, Jg. 2000, S. 217 - 230.

Hornung, K.; Reichmann, T.; Diederichs, M.: Risikomanagement – Teil I: Konzeptionelle Ansätze zur pragmatischen Realisierung gesetzlicher Anforderungen, in: Controlling, Jg. 1999, S. 317 – 325.

Horváth, P.: Controlling, 6., vollständig überarbeitete Auflage, München 1996.

Horváth, P.: Controlling, 7., vollständig überarbeitete Auflage, München 1998.

Horváth, P.; Weber, J.: Controlling, in: Pfohl, H.C. (Hrsg.), Betriebswirtschaftslehre der Mittel- und Kleinbetriebe, 2. Aufl., Berlin 1990, S. 288 - 324.

IDW Prüfungsstandard: Die Prüfung des Risikofrüherkennungssystems nach § 317 Abs. 4 HGB (IDW PS 340), in: WP, Jg. 1999, H. 16, S. 658 – 662.

IDW Rechnungslegungsstandard: Aufstellung des Lageberichts (IDW RS HFA 1), in: WP, Jg. 1998, S. 653 – 662.

IDW-Prüfungsstandard: Fragenkatalog zur Prüfung der Ordnungsmäßigkeit der Geschäftsführung und der wirtschaftlichen Verhältnisse nach § 53 HGrG (IDW PS 720), in: BBK - Betrieb und Rechnungswesen, Fach 28, Jg. 2000, S. 1233 - 1240.

IIR-Arbeitskreis "Interne Revision in der Versicherungswirtschaft": Konzept für den Aufbau eines Risikomanagementsystems (RMS) unter Berücksichtigung der Anforderungen durch das KonTraG, in: Zeitschrift für die Interne Revision, Jg. 1999, H. 4, S. 185 - 215.

Institut der Deutschen Wirtschaft (Hrsg.): Zahlen zur wirtschaftlichen Entwicklung der Bundesrepublik Deutschland, Ausgabe 1996, Köln 1996.

Jacob, H.-J.: KonTraG und KapAEG – die neuen Entwürfe des Hauptfachausschusses zum Risikofrüherkennungssystem, zum Bestätigungsvermerk und zum Prüfungsbericht, in: WP, Jg. 1998, S. 1043 – 1056.

Janke, G.: Gute Chance zur Stärkung der Internen Revision, in: ZIR, Jg. 1997, S. 313 – 322.

Karten, W.: Risk Management, in: Wittmann, W. et al. (Hrsg.), HWB, 5. Auflage, Stuttgart 1993, Sp. 3825 – 3836.

Klausmann, W.: Betriebliche Frühwarnsysteme im Wandel, in: ZfO, Jg. 1983, S. 39 – 45.

Kless, T.: Beherrschung der Unternehmensrisiken: Aufgaben und Prozesse eines Risikomanagements, in: DStR, Jg. 1998, S. 93 – 96.

Kosmider, A.: Stand und Einflußfaktoren der Kostenrechnung im Mittelstand, in: Weber, J. (Hrsg.), Kostenrechnung im Mittelstand, Stuttgart 1992, S. 21 - 38.

Kosmider, A.: Controlling im Mittelstand. Eine Untersuchung der Gestaltung und Anwendung des Controllings in mittelständischen Industrieunternehmen, Diss., 2. Aufl., Stuttgart 1994.

KPMG (Hrsg.): Integriertes Risikomanagement, Berlin 1998, http://www.kpmg.de/library/docs/IRM.pfd. vom 23.03.1999.

Kromschröder, B.; Lück, W.: Grundsätze risikoorientierter Unternehmensüberwachung, in: DB, Jg. 1998, S. 1573 – 1576.

Krystek, U.: Unternehmungskrisen: Beschreibung, Vermeidung und Bewältigung überlebenskritischer Prozesse in Unternehmungen, Wiesbaden 1987.

Krystek, U.: Neue Controlling-Aufgaben durch neue Gesetze – KonTraG und InsO als Herausforderung für das Controlling, in: krp, Jg. 1999, S. 145- 151.

Krystek, U.: Meinungen zum Thema: Risikomanagement, in: BFuP, Jg. 2000, S. 273 – 286.

Krystek, U.; Müller, M.: Frühaufklärungssysteme – Spezielle Informationssysteme zur Erfüllung der Risikokontrollpflicht nach KonTraG, in: Controlling, Jg. 1999, S. 177 – 183.

Krystek, U.; Müller-Stewens, G.: Frühaufklärung für Unternehmen: Identifikation und Handhabung zukünftiger Chancen und Bedrohungen, Stuttgart 1993.

Kuhl, K.; Nickel, J.-P.: Risikomanagement im Unternehmen – Stellt das KonTraG neue Anforderungen an die Unternehmen?, in: DB, Jg. 1999, S. 133 – 135.

Küting, K.; Hütten, C.: Die Lageberichterstattung über Risiken der künftigen Entwicklung – Annäherung an die geplante Änderung der §§ 289, 315 HGB durch das KonTraG, in: AG, Jg. 1997, S. 250 – 256.

Lehner, U.: Risikomanagement - ein Gegenstand der Abschlußprüfung, in: Baetge, J. (Hrsg.), Auswirkungen des KonTraG auf Rechnungslegung und Prüfung, Düsseldorf 1999, 23 - 41.

Lehner, U.; Schmidt, M.: Risikomanagement im Industrieunternehmen, in: BFuP, Jg. 2000, S. 261 - 272.

Lenz, H.: Meinungen zum Thema: KonTraG – Mehr Kontrolle und Transparenz ?, in: BFuP, Jg. 1999, S. 437 – 453.

Lischke, T.; Kirner, H.: Einführung und Organisation eines Risikomanagementsystems, in: Controller Magazin, Jg. 2000, S. 44 - 49.

Loos, N.: Beteiligung von Kapitalbeteiligungsgesellschaften an mittelständischen Unternehmen, in: Börsig, C.; Gassert, H.; Prechtl, M. (Hrsg.), Neue Finanzierungsinstrumente für Unternehmen - Strategie, Anwendung und Erfolgssicherung, Stuttgart 1996, S. 125 - 144.

Lück, W.: Elemente eines Risiko-Managementsystems – Die Notwendigkeit eines Risiko-Managementsystems durch den Entwurf eines Gesetzes zur Kontrolle und Transparenz im Unternehmensbereich (KonTraG), in: DB, Jg. 1998 a, S. 8 – 14.

Lück, W.: Der Umgang mit unternehmerischen Risiken durch ein Risikomanagementsystem und durch ein Überwachungssystem – Anforderungen durch das KonTraG und Umsetzung in der betrieblichen Praxis, in: DB, Jg. 1998 b, S. 1925 – 1930.

Martin, Th. A.: Der Neue Markt an der Frankfurter Wertpapierbörse und die Probleme mittelständischer Unternehmen bei der Finanzierung über Eigenkapitalzufuhr, AG, Jg. 1998, H. 5, S. 221 - 226.

Martin, Th. A.: Controlling in der Wachstumsphase mittelständischer Unternehmen - Bausteine für die Einführung des Kosten- und Erlöscontrollings, in: Zeitschrift für Klein- und Mittelunternehmen - IGA, Jg. 1999, H. 1, S. 31 - 47.

Meier & Cie.: Seminarunterlagen "Einführung eines Risikomanagementsystems unter Beachtung möglicher KonTraG-Anforderungen", o. O., 1999.

Moxter, A.: Die Vorschriften zur Rechnungslegung und Abschlußprüfung im Referentenentwurf eines Gesetzes zur Kontrolle und Transparenz im Unternehmensbereich, in: BB, Jg. 1997, S. 722 – 730.

Mugler, J.: Risk Management in der Unternehmung, Wien 1979.

Mugler, J.: Betriebswirtschaftslehre der Klein- und Mittelbetriebe, 2. Aufl., Wien-New York 1995.

Müller, R.: Krisenmanagement in der Unternehmung: ein Beitrag zur organisatorischen Gestaltung der Prozesse der Krisenbewältigung, Frankfurt am Main 1982.

Müller-Nobiling, H.-M.: Organisationshandbuch, in: Grochla, E. (Hrsg.): HWO, 2. völlig neu gestaltete Auflage, Stuttgart 1980, Sp. 1557 – 1563.

o. V.: Unternehmensentwicklung 1998: Insolvenzen in Europa in: Betrieb und Rechnungswesen BBK, Jg. 1999, Nr. 7, S. 290f.

o. V.: Holzmann-Sanierung kommt nicht auf Touren, in: Handelsblatt, Jg. 2000, Ausgabe vom 28./29.7., S. 16.

Pollanz, M.: Ganzheitliches Risikomanagement im Kontext einer wertorientierten Unternehmensführung (Risk Adjusted Balanced Scorecarding), in: DB, Jg. 1999, S. 1277 – 1281.

Pollanz, M.: Konzeptionelle Überlegungen zur Einrichtung und Prüfung eines Risikomanagementsystems – Droht eine Mega-Erwartungslücke, in: DB, Jg. 1999, S. 393 – 399.

Pollanz, M.: Replik auf „Schmidhuber, R.: Risikomanagement im Kontext wertorientierter Unternehmensführung", in: Der Betrieb, Jg. 2000, S. 163 - 164.

Pümpin, C.; Prange, J.: Management der Unternehmensentwicklung. Phasengerechte Führung und der Umgang mit Krisen, Frankfurt am Main 1991.

Reh, G.: Enormes Defizit, in: MB, Jg. 1998, S. 12 – 14.

Reichmann, T.: Controlling mit Kennzahlen und Managementberichten, 5. Auflage, München 1997.

Reichmann, T.; Form, S.: Balanced Chance-and-Risk-Management, in: Controlling, Jg. 2000, H. 4/5, S. 189 - 198.

Ruda, W.: Financial Problems of Medium-Sized Enterprises in Germany - An Apporach towards the Improvement of Equity Capitalization, in: University of West Bohemia (ed.), Proceedings of the International Conference "Business Development in Theory and Practice", Part 1, Cheb 1997, S. 72 - 84.

Ruda, W.; Martin, Th. A.: Der Börsengang innovativer Start-Up-Unternehmen am Neuen Markt – Chancen neugegründeter Wachstumsunternehmen, in: Zeitschrift für Klein- und Mittelunternehmen, Jg. 2000, H. 3, S. 165 - 181.

Scharpf, P.: Die Sorgfaltspflichten des Geschäftsführers einer GmbH – Pflicht zur Einrichtung eines Risikomanagement- und Überwachungssystems aufgrund der geplanten Änderung des AktG auch für den GmbH-Geschäftsführer, in: DB, Jg. 1997, S. 737 – 743.

Schicht & Partner (Hrsg.): Unternehmenssicherheit - Integriertes Risikomanagement, Umsetzung des KonTra-Gesetzes und der Wahrnehmung der Organisationspflichten, o. O. 1998.

Schindler, J.; Rabenhorst, D.: Meinungen zum Thema: Risikomanagement, in: BFuP, Jg. 2000, S. 273 – 286.

Schitag Ernst & Young (Hrsg.): Das Management des Projektes Einrichtung eines Risikomanagement-Systems, ohne Ort 1999.

Schitag Ernst & Young (Hrsg.): Risikomanagement- und Überwachungssystem im Treasury: Darstellung der Anforderungen nach KonTraG, Stuttgart 1998.

Schmidhuber, R.: Risikomanagement im Kontext wertorientierter Unternehmensführung, in: Der Betrieb, Jg. 2000, S. 153 - 162.

Schneider, T.: Aufgaben des Controlling im Rahmen des Risikomanagement, in: Controller Magazin, Jg. 1999, S. 113 - 115.

Schruff, W.: Meinungen zum Thema: KonTraG - Mehr Kontrolle und Transparenz?, in: BFuP, Jg. 1999, S. 437 – 453.

Staehle, W. H.: Krisenmanagement, in: Wittmann, W. et al. (Hrsg.), HdBW, 5. Auflage, Stuttgart 1993, Sp. 2452 – 2466.

Theisen, M. R. (Hrsg.). Der Konzern im Umbruch: Organisation, Besteuerung, Finanzierung und Überwachung, Stuttgart 1998.

Verband der Vereine Creditreform: Unternehmensentwicklung 1999/2000: Insolvenzen, in: Betrieb und Rechnungswesen BBK, Jg. 2000, Nr. 3, S. 98.

Vives, X. (Hrsg.): Corporate Governance: theoretical and empirical perspectives, Cambridge 2000.

Vogler, M.; Engelhard, S.; Gundert, M.: Risikomanagementsysteme - Stand der Umsetzung, in: DB, Jg. 2000, S. 1425 - 1431.

Vogler, M.; Gundert, M.: Einführung von Risikomanagementsystemen – Hinweise zur praktischen Ausgestaltung, in: DB, Jg. 1998, S. 2377 – 2383.

von Rosen, R. (Hrsg.): Einführung und Ausgestaltung von Risikomanagementsystemen, Eine empirische Untersuchung, Frankfurt am Main 2000.

Weber, J.: Einführung in das Controlling, 7. vollständig überarbeitete Auflage, Stuttgart 1998.

Weber, J.; Weißenberger, B. E.; Liekweg, A.: Risk Tracking and Reporting, Vallendar 1999.

Wolf, K.; Runzheimer, B.: Risikomanagement und KonTraG - Konzeption und Implementierung, 2. Auflage, Wiesbaden 2000.

Wossidlo, P. R.: Finanzielle Führung, in: Hauschildt, J.; Grün, O. (Hrsg.), Ergebnisse empirischer betriebswirtschaftlicher Forschung, Zur Realtheorie der Unternehmung, Festschrift für E. Witte, Stuttgart 1993, S. 445 – 528.

Zahn, E.: Mehrebenenansatz, in: Szyperski, N. (Hrsg.), Handwörterbuch der Planung, Stuttgart 1989, Sp. 1080 – 1090.

Ziegenbein, K.: Controlling, 5. überarbeitete Auflage, Ludwigshafen 1995.

Gesetz und Gesetzentwurf

Gesetzentwurf der Bundesregierung "Entwurf eines Gesetzes zur Kontrolle und Transparenz im Unternehmensbereich (KonTraG)", BT-Drucksache 13/9712 vom 28. 01.98.

Gesetz zur Kontrolle und Transparenz im Unternehmensbereich (KonTraG), BGBl. 1998 I, Nr. 24, 30.4.1998, S. 786 - 794.

Stichwortverzeichnis

S

T

U

www.ingramcontent.com/pod-product-compliance
Lightning Source LLC
La Vergne TN
LVHW010548300926
849162LV00002B/264